몽상가의 턱

국립중앙도서관 출판예정도서목록(CIP)

몽상가의 턱 : 오현정 시집 / 지은이: 오현정. -- 대전 : 지혜 : 애지, 2017
p. ; cm. -- (J.H classic ; 010)

ISBN 979-11-5728-225-8 03810 : ₩10000

한국 현대시[韓國現代詩]

811.7-KDC6
895.715-DDC23 CIP2017007172

J.H CLASSIC 010

몽상가의 턱

오현정

지혜

시인의 말

새 시집을 엮으면서
지금이 가장 좋은 때
홀로 숲길 걷는다

지난날의 부끄러움
훗날을 기약하며
버지니아 울프의 세월을 다시 읊는다

詩는 사색이고 기다림
기쁨이고 슬픔이다
고통스런 벌罰이지만

사랑의 파르마콘이다

2017년 초봄 광교산 소나무 아래서
오현정

차례

2부 몽상가의 턱

3부 하얀 구두의 집

4부 속리俗離의 아침

5부 善은 곧 惡이다

• 일러두기
한 연이 첫 번째 행에서 시작될 때는 > 로 표시합니다.

1부

오늘

오늘

지금이 가장 좋은 때

첫 해산 후 숲길 걷는
지금이 가장 좋은 때

이제까지의 부끄러움 다 가려주는
활엽수가 친구하자는
지금이 가장 좋은 때

오후의 햇살이 남은 꿈을 찾아드는
지금이 가장 좋은 때

나는 어리석었지만 지혜를 찾아다닌 詩人

지금 이 순간이 고통의 詩를 빚는 행복한 시간

먼 길 돌아 다시 출발점에 서있는
지금 여기 그대 함께라면

오늘이 내 가장 좋은 때

사랑은 지혜를 부른다

셀린 디온Ce'line Dion의 '사랑의 힘The Power of Lover'을 들으면
나도 모르게 저절로 흥이 솟는다
불가능이 가능으로
찬송가를 밀어내고 저절로 춤을 춘다
넓은 영토에 수많은 저택을 지니고 부귀와 영화를 유지하는 비결
지 남자 말고도 세계의 사나이들을 끌어들이는 비밀은
파워풀한 성량과 무대 매너
오뚝한 콧날과 고혹적인 육체미
그리고 순애보적인 그녀의 진짜 이야기
생생한 사랑의 에너지다
벼랑 끝에서도 한 사람을 진정 사랑하는 용기
아무도 빼앗을 수 없는 그녀의 왕관이
심금을 울리며 둥둥 북을 친다

몽유도원도夢遊桃源道

일본 덴리대학 중앙도서관에 있는 몽유도원도를 어떻게 다시 가져오나 궁리하다 잠이 들었다

부드러운 토산에서 똑바로 그대 바라볼수록 저기 저 우뚝 솟은 기암괴석이 나를 내려다보고
앞산에 있는 그대가 뒷산에서 머뭇대는 나를 부른다

사방이 산으로 둘러싸였으나 안으로 들어갈수록 널따란 복숭아꽃이 만개하고
그대가 깔아놓은 비단길 왼편에서 점점 산길은 가팔라져 숨이 턱에 닿는다

산봉우리마다 새벽 운무雲舞는 눈 녹듯이 무릉도원에 든다

인적도 없고 새소리도 없는 적정한 경지, 온통 불그스레한 별천지에서의 하룻밤에 천년이 지나갔다

보물인 줄도 모르고 빼앗긴 시 · 서 · 화의 삼절三絶 다시 찾아오느라 몽환의 먹을 갈던 자욱한 길에서

>

파라다이스를 더듬어 산수화를 그리던 잊을 수 없는 그 남자 겨드랑에 수묵담채의 낙관을 찍었다

내 것도 싱싱

모른 척 지나가야지
눈길 피해도 따라오는 "완 달라"
네댓 개의 꼭지 떨어진 바나나가 든 비닐봉지를 보여주며
사내아이는 끈질기게 쫓아온다

긴 머리 땋은 소녀가 "바나나 싱싱" 살살 웃으며 나타나자
낮볕에 그을린 팔을 내미는 소년의 고함소리
"내 것도 싱싱, 내 것도 싱싱"
징징대던 목울대가 전사처럼 살아난다

바탐 섬에서는 한 집에 아이들이 열 명 넘기도 해
한두 명만 학교에 다니고 다른 애들은 바나나 팔러나간다
포기하지 않는 근성根性 한 꼭지 매달고
이곳저곳 설레발치며 신나게 달린다

내 것도 싱싱
네 것도 싱싱

가시연꽃

아무런 준비도 없는데
누가 내 몸에 화인火印을 찍었나

야성미 넘치는 당신의 그 눈빛
허스키한 목소리가
내 몸 봇물 가득히 진한 전율로 흐른다

큰 뜻을 품은 별똥별 쏟아지는 밤
터질 것 같은 심장을 달래며
호수에 코를 박고 뜨거운 당신 품에 왈칵 안겼다

백년을 읽지 못한 에로스의 화살이 내 몸 정곡을 찌르고
신화보다 선명한 당신의 배꼽에 용의 타투를 새긴다

꽃 속에 얼굴을 묻고 북극성이 빛날 때
천장에도 벽에도 모서리에도 온통 당신의 실루엣

천지사방 떠돌던 활화산의 불씨 하나
에로스가 전신에 깊숙이 뿌리 뻗고
검붉은 가시연꽃 한 송이 오래도록 피어있다

절벽의 비밀

건비치 해안 따라 달리다 '사랑의 절벽'에 올랐다
전망대 모서리 난간에서 탁 트인 수평선을 내려다보니
아찔한 구전이 파도의 그라데이션을 일으킨다

대학 졸업 후, 괌으로 배낭여행 갔다가
영 돌아오지 않았던 내 친구 민영이
연리지인 양 차모르 처녀총각 조각상으로 서 있는 듯하다

부모의 혼사반대로 쫓기는 파랑새 두 마리
뒤쫓는 신랑감 스페인 장교와 부하들을 피해
막다른 절벽 아래로 몸을 던졌다는 괌 전설처럼

민영이도 그 사내와 가슴을 맞대고
두 눈을 눈물 없이 감았을까
넋이 숨어있다는 머리카락 해풍에 나부끼며
두 손을 꼭 잡고 하나로 동여매고 뛰어내릴 때
꽃목걸이 걸어준다는 꽃들은 어디쯤 피고 있을까

하트판 맹세엔 뭐라고 썼을까?
자물통을 꽁꽁 채운 뒤

다음 세상에서 이루자던 열매
종 줄을 단숨에 당길 때 뻐꾹새 뻐꾹 뻐꾹
누군가의 뼛속깊이 다시 들린다는 것을 알았을까

차모르의 바닷새 한 쌍처럼
지금 바로 내 눈 앞에 왔다가 사라지는
살갑던 내 친구 민영아

에밀리를 낳다

딸 하나 만드는 밤
엄지 검지가 아프다, 색실은 아직 길다
감고 풀고 찌르고 다시 꽂다 보면 새벽이다

없는 딸 부러워 몸통부터 메리아스 뜨기로 올라오다 우윳빛 털실로 연결해서 계속 이어 떠준다
두뇌는 좋아야 하니까 조심조심 코를 만들어 가터뜨기로 계속 뜨다가 머리 맨 위쪽은 돗바늘로 잡아 당겨 넓은 지구를 둥글게 네 것으로 만든다

빅토리안 스타일의 긴 속바지는 네 뺨에 날아와 앉을 나비의 손길을 위해
치마 속에 입히고 팔다리, 허리밴드, 모자까지 뜨고 나니
내 왼쪽 눈은 봉숭아 꽃물이 들었다

네가 넘어질 때마다 폭신하게 안아주는 천사를 위해
다리와 몸통에 방울 솜을 넣는다

인디안 원피스 마지막 코를 뜨며 맨 아랫단에 오로라를 달아주고
내 등이 굽은 것 같아 목뼈를 세우며

핑크빛 블라우스 단추를 채워주자 너의 미소 띤 보조개

눈, 코, 입이 살아있는 말랑한 수제인형 허리춤에 리본 달까
모자엔 멋내기 팬지를 흔들며 물집 투성이 내 손을 잡고 웃는다

바닷길 무사귀환 당신을 기다리며 얻은 딸 에밀리
배불렀던 흔적 없이 그 숨결을 가슴에 안는다

혀에 꽂힌 사부곡思父曲

눈 내리는 밤, 불콰한 월병을 들고 젖은 꿈을 밟고 오시던 당신
명동 여기쯤 그 사무실에 사무친 바다가 밀려와 하늘의 저녁 별들을 삼켰는지
바람의 입안이 깔깔하다

청파언덕에서 데모대를 빠져나와 명동사무실에 들릴 때면
당신은 아무리 바빠도 일품향으로 나를 데려갔지
고량주 한 잔 할 줄 알아야 名詩를 쓴다며 당신의 못 다한 꿈을 안주로 얹어주셨지
탕수육, 라조기, 유산슬은 내 혀에 꽂아둔 당신의 꿈길이었지
어쩌면 당신이 영 잃어버릴 지도 모를 길목에 나를 표지석으로 세워놓고 언젠가는 그 길을 가리라 다짐하듯이

한동안 외국에서 돌아오시면 내 손잡고 영화관에 가곤 했지
벤허와 십계의 울림은 나도 모르게 신을 향하게 했지
당신 서재의 국가론을 읽으며 수녀 아니면 시인이 되고 싶었지
둘째 딸이 작가되길 간절히 바라던 당신
끝내 시인의 모자 쓴 걸 못보고 가셨지

먼 나라서 지켜보실 아버지께 고량주 한 잔 올려야지

모래알갱이가 씹히는 날이 많아진 저물녘 으스름
별로 뜬 아버지께 여덟 번째 시의 꽃다발을 바친다

소금호수 가는 길

미국 서부의 유타 주 정부청사를 지나
조던 강을 끼고 워새치 산맥 기슭 동쪽과 북쪽
브리검 영과 모르몬교도들의 박해로 자리잡은 아담한 동네를 걷다
멀리 로키산맥의 설산이 눈에 들어와
자아를 찾고 있는 긴 흰 수염의 라즈니쉬가 도포자락 휘날린다

햇살이 내 콧잔등에 살포시 앉았다 가는 한낮
솔트레이크시티 골목을 걷다보면 가게는 띄엄띄엄, 버스까지 뜸하게 온다

고소한 빵 굽는 냄새를 따라 넓은 정원에 들어가니
오래된 촛대와 접시, 스카프, 장갑 등
안락한 의자에서 담소중인 여행객이 환한 미소로 맞이한다

하오의 차 한 잔을 마시고 소금호수에 도착했다
가까이 가니 온통 은빛 소금밭이다
와아, 탄성을 지르자 지평선 끝에서 메아리가 나를 감싼다
본네빌 호수 위를 자박자박 걷다 보니
오랜 가슴앓이가 안개 걷히듯 사르르 사라진다

>

발바닥 지압 혈이 내 동맥을 깨운다
이정표 없는 무심길이 환희의 길이다
수억 년 전에는 바다였을 지금 여기에서
바닷새 모양의 소금비누 하나 내 손안에 넣어본다

김수영의 연인
— 김현경 시인

정유년 새해 인사차 김현경 여사 댁에 시인들 몇 명이 모였다. 문학행사에서 몇 번 뵌 적은 있지만 댁을 방문 한 건 처음이다. 그 연세에 우릴 반기는 모습이 한 떨기 참나리처럼 맑고 고왔다. 김수영 선생의 서재를 둘러보던 중 '달나라의 장난'이란 명시가 떠올랐다.

구순이 다 되신 김 여사는 여고 2학년 때 남편을 만났다고 회고 하신다. 얼굴보다 손발이 예쁜 여자를 좋아해서 나에게 속았다고, 그 옛날 떨어져 살던 부부가 주고받던 편지의 사연들, 김이 모락모락 나는 앙꼬빵 세 개를 그린 듯한 다과가 '孔子의 생활난' 이란 시를 읊조리며 국화차를 마신다. 두 살배기 아이를 들쳐 업고 부산으로 그리운 이를 만나러 갔던 일, 아빠를 쳐다볼 때마다 울었다는 아이를 달래느라 꼬박 날밤을 샜다는 말, 거제도의 반공포로수용소에서 돌아온 남편의 질박한 삶, 양계와 양재로 억세게 살아온 보석 같은 아내였던 것이다.

꿈은 이루어질 때보다 꿀 때가 위대하다는 그녀는 '夢'이란 액자와 '김수영의 연인'이란 자전 에세이에 '선녀에게 기쁨으로' 란 사인까지 해준다.

'눈 위에 기침을 하자'던 김수영 시인의 하얀 눈이 내 가슴에 붉게 내리는 운 좋은 날이다.

달기벚꽃

사람인가, 뱀인가
스멀스멀 기어오른다
달무리 촛농 떨구며 한 사람 또 스러진다
봄밤이 요상하다

은나라 주왕을 호려 한 수를 받아내더니
시인도 모자라
충신 서백후에게 아들의 살, 저며 먹이는 독부
그 혼령 꽃치마 꼬리에 질러 넣었나
오만방자한 욕망, 잎꼴마다 뚫어 넣고
선녀인 양 나풀나풀
봉신방 설화 담벼락 훌쩍 넘어
도심 휘젓는 천년 묵은 여우

수수만년 사람의 집
청청 푸른 문고리 빼 녹여 젖히고
곡간 열어 간 내먹는 달기는
한 풀밭 밟고 와, 한 마당 눕혀 놓고
한 나라 엿본다

>

요물도 넘을 수 없는 공신 비간比干의 심장을
기어코 먹어야 낫는다는 거짓 눈물에
참말 가르고 꺼내 주던 눈 먼 왕, 꽃숨줄로 부르다
하르르 하르르 아래로 떨어지는 봄날
이끼 자란 나귀 입 다물고 있다
내 맘 훤히 누벼 내달아 놓고
홀연히 흙밥이 되어버린 벚꽃, 달기벚꽃

당신을 그리워한다는 것은

당신을 그리워한다는 것은
당신 옆에서 한시도 눈을 떼지 못하는
저 꽃을 볼 때
한 시절을 떠올리는 것처럼 쓸쓸한 일이다

당신을 그리워한다는 것은
은행잎이 흩날리는 오후 3시쯤
나도 모르게 흐르는 강물에 발목 적시다
잠들 수 없는 내 피돌기를 술잔에 담아 홀로 삼키는 일이다

당신을 그리워한다는 것은
내 안에 사는 또 다른 날개
불현듯 걸망 멘 포대화상布袋和尚이 나타나
꿈의 세계로 동행하자는 것이다

그때 그 나비는

시집 한 권을 서서 다 읽는 동안
뒤쪽 낮은 의자에서 나비들이 소곤거린다

나의 숨소리는 마지막 행간을 더듬는다

나비들이 읽고 있는 책이 궁금하다

반세기쯤 젊은 꽃으로 나비를 불러본다

청년의 어깨에 기댄 그녀, 긴 생머리에 살굿빛 양볼
슬몃 온몸 붉어지는 봄이다

시간이 훔쳐간 아스라한 분홍빛
누워있던 저린 글자가 시집 속에서 뛰어 나온다

저 나비의 흰 날개에서 한 송이 꽃이 된 봄날이다

불멸의 종이밥

소크라테스가 갇혔던 동굴감옥, 창살 사이로 신념은 죄목의 손을 높이 들고 독배를 마셨다. 아테네의 악법을 지킨 철학자는 책 속에서 불멸이 되었고,

책을 씹어 먹던 어릴 때 옆집 아재도 아직 살아있다. 책장을 넘길 때 생각나는 걸 보면 살을 다 털어내고 뼈로만 죽은 그 아재도 무슨 사상가였나 싶다.

"공부를 너무 많이 해서 머릿속이 엉켰대."

사람들은 그를 '미쳐도 단단히 미쳤네! 물과 소금, 책이 밥이네, 차라리 빨리 굶어죽는 게 여러 사람 도와주는 거야, 아무 것도 주지 말라'며 서로서로 당부했다.

어느 날 내가 몰래 사과 한 알을 넣어주자 헝클어진 머리칼 사이로 섬광처럼 반짝하던 그 눈빛, 마치 크산티페를 넘어 가야할 길이 있는 듯 심오하고 섬뜩했다.

썩어가는 사과대신 종이 밥을 빚다 그들은 어디로 갔을까?

한 글자씩 찢어 삼킨 쌀알이 검은 세상 허기진 이들에게 하얀 이밥으로 오려고 아궁이 불 지키러 간 걸까?

"죽는 것도 천복이야, 다음 세상엔 부디 배부른 무지렁이로 오소."

종이 먹는 짐승을 구경하던 사람들이 성자聖子처럼 중얼거리며 돌아섰다. 스스로 신神이 된 광인들은 무저항無底坑에서도 행복한지, 쇠창살을 뚫은 햇빛이 반사되어 내 심중心中이 뜨겁다.

사람들은 자신을 우리에 가둔 채 구경만 하다, 어딘지도 모르고 또, 우루루루 몰려간다.

부부
— 이중섭의 은박지 그림을 보고

콧수염의 남자는 눈을 감고 두 팔로 여자를 친친 감고 있다
파마머리의 여자는 엉덩이가 도드라진 채 눈을 가늘게 뜨고
예술의 높은 경지로 가고 있다

엉킨 팔다리는 허기진 시간이다
존재하는 모든 무절제를 담아
쾌락의 궁전을 통과하는 방랑기사의 절제하는 검劍이다

담배연기로 긁힌 위장을 달래며 은지에 새긴 꿈
남자는 여자를 거대한 벽 곳곳에 세워 끼우고 엎어놓고
황소처럼 돌진했으리

많은 이들과 즐기고자 했던 벽화의 밑그림이 처참하게 사라질까봐
여자의 온몸에 은박의 꿈을 문대고 긁고 새겼으리

새로운 체위와 기법을 연마한 남자는
층층의 쾌감이 다른 금속공예 기법으로 저 산 위에 무궁無窮의 별을 띄워
그윽한 고려청자의 상감기법으로 머리끝 한 올에서 새끼발가락까지

잊을 수 없는 여운을 남겼다

중섭이 개발한 조선의 매력적인 부부
꿈속에서 만난 마사꼬의 떨리던 영혼이 합일에 들고

시대를 앞지르는 두 사람의 애절한 사랑이 내 발목을 잡는다

2부

몽상가의 턱

페파와 함께 춤을

도교로 출장 가는 그이에게
- 로봇 하나 사다 줘
어젯밤 TV로 본 성적 여자 로봇처럼 눈을 깜박이며 말하자
- 무슨 로봇! 산업 일자리 만들기 조라봇으로 게임하게?
- 아니 페파pepper가 갖고 싶어 내 감정을 읽고 대화할 인간로봇
- 그거 나온 지 1분 만에 완판 됐잖아
- 예약이라도 하고 오라고

로봇을 원하는 인간은 그만큼 인간과 교심하기 싫다는 거지
로봇은 점점 인간이길 원하는데 소통과 공감을 인간로봇과 하겠다고,

- 그게 얼마나 재밌고 편해
- 사랑해~ 하면 하트 눈이 빨간불로 깜빡이잖아
- 닥쳐! 하면 좋지 않은 말입니다
정중하게 일러주고

–서빙은 나에게
귀찮은 일까지 척척해줄 텐데,
게다가 우울한 날엔 음악에 맞춰 함께 춤을 추며 아이언 맨의 자

비스처럼 로봇과 자유로운 대화를 할 수 있으니 얼마나 좋아

어차피 움직이는 인공지능과 더불어 살아야할 미래

이왕이면 좀 빨리 편해지고 싶다는 거지

인간은 로봇화되어가고 있어

자신의 감정을 타인에게 드러내지 않고 외로움이나 자존심을 들키지 않고

단순하게 살고 싶어 하지

감정로봇은 감정프로그램과 반성프로그램을 다 갖고 싶어 하는데

- 당신 생각나서 샀어

- 무슨 로봇 가졌니? 물으면 태권V 하면 되잖아

그이는 뇌 과학의 대가나 인간로봇 연구소장 처럼 말한다

나와 함께 춤춘 지가 까마득한데

가방 속에 소리가 있네

그의 가방을 처음 들었던 날
나는 돌고 있는 지구본을 들고 있었네
가방 속의 소리가 화성이나 명왕성까지
병든 나뭇가지에 겨우살이 꽃이 피고 철새를 날게 했네

가방 안에 든 그와 연관된 사람들의 속내를 하나씩 꺼내보다
뱀피 내 핸드백을 성기로 해석했던 프로이트라면
그의 가방을 어떻게 표현했을까 싶어
남의 속살을 들여다보듯 그의 소지품을 꺼내다 집어넣었네
가방 속엔 그의 신분과 명예, 혹은 나의 방패와 실마리가 오롯이 들어 있네

맨살에 존재의 무게를 민낯에다 무늬로 새기듯
고야드의 모노그램 백은 크로스로 매야 제격이라며
친구는 태극기 집회장에서 인증샷을 보내네

마틴루터 킹과 비틀즈의 가방엔 만인의 찬송과 노래가 울려 퍼졌고
말코비치의 가방 속에 든 영화예술을 국가라는 원대한 계획으로 옮겨야 한다는
젊은이는 촛불시위대에서 무거운 배낭을 메고 서성대네

>

나의 잔소리와 뽀뽀가 든 그의 메신저 백은 지금 어느 어깨에서 다시 살고 싶은 초록 잎들과 갓 구워낸 케이크의 시나몬 향에 콧노래를 부를까
현실과 환상 사이에서 어느 길을 낼지 가방은 혼자 묵언중이네

기막힌 상황 앞에서 가방은 주인의 욕망을 다 담아내면서 소리 지르지 않네
죽어가는 자연 속에서 온종일 지껄여대며 숨막혀하는 사람을 위해 손수건을 내밀며 댄디즘을 발휘하고 소네트를 읊는 든든한 속,

그런 가방 들고 싶어 눈을 번뜩이며 또 가방가게를 둘러봤네
위트와 낭만의 소리 무거움을 잊고 우주를 메고 다니네
그의 가방을 다시 들 때처럼 내 미래의 책갈피가 궁금해
예리하게 설레고 싶은 날 가방이 대신 콩닥콩닥 소리 지르네

매달리다

거미는 거미줄에 매달려서
햇빛은 찬바람에 매달려서
구름은 폭우에 매달려서
내 옷장을 열었다 닫았다 오늘 분위기에 맞는 부전나비를 잡는다
당신의 머리칼에 얹혀 있는 내 속내를 거울에 비춘다

자유와 평등사상이란 혁명에 매달려서 프랑스 시민들은 왕정을 공화정 체제로 바꾸었고
새로운 국가란 역성易姓에 매달려서 이성계는 공양왕의 왕위를 물려받았다

폭풍과 맞장 뜨지 않은 하얀 피는 앙시앵 레짐*을 무너뜨릴 수 없다

남을 자신의 뜻대로 움직이거나 지배할 수 있는 공인된 힘이 권력이라면
제목에 매달려서, 어떻씨에 매달려서, 토씨에 매달려서, 점 하나에 매달려서 지웠다 다시 쓰는 한 구절 詩句는 당신의 동맥이라 할까

권력관계 합리화에 문제를 제기한 푸코의 감옥과 작업장, 공장과 병원, 그리고 군대와 학교는 눈과 몸을 길들이며

넣었다 뺐다 아직 플랜카드로 걸리지 못한 당신, 나의 시위다

언제 경제가 되어 자본주의, 공산주의, 파시즘의 깃발을 내 맘대로 날리며
차가운 당신의 품이 따스한 햇볕이라고 믿을까
당신만이 이스라엘의 집단농장에 피어나는 나의 사회주의요 전체주의요 진정한 민주주의라고 목숨 다할 때까지 매달릴까

날개옷에 지울 수 없는 문양으로 앉은 한 글자
비구름 먹장 낀 뇌리에 매달리다

* ancien regime : 1789년 프랑스 혁명 때 타도의 대상이 되었던 정치 경제 사회의 구체제를 말함.

스틸바이트 목걸이 걸다

하루 종일 찾지 못한 명석名石 하나
해질 무렵 돌아오는 길에
물속에서 나에게 옆 눈짓 한다

물개모양 검고 작은 돌 하나
잘 손질해 책장에 올려놓고
두 눈을 달아주자 깜빡이며 윙크를 한다

법화경을 펼쳐놓고 인도의 성자에게 받은
하얀 스틸바이트 목걸이를 걸어준다

축축한 날 주황색 꼬리를 달아주자
얄궂게 몸을 흔들다 엉거주춤

셀카로 너랑 포옹하고 싶을 때
비취색 목걸이를 하고
포켓몬도 하고 영화도 보고 슈퍼도 간다

조련사 없는 빈 방에서 자유롭게 헤엄치다
드넓은 바다로 지느러미 펴고 싶어
늦은 오후 산책길을 나선다

바람의 집시

로마는 오드리 헵번의 플레어스커트야

젤라또 아이스크림을 들고 트레비 분수에 알큰한 장미의 꽃잎을 던지는

영화 속 '로마의 휴일'을 긴 장화 속에서 꺼내

산타마리아 인 코스메딘 성당 입구에 있는 세발자전거 위에 얹어봐

판테온 신전, 콜로세움, 헤라클레스 신전, 빅트르 신전, 포로 로마노 보다

강의 신 홀르비오의 얼굴 조각상이 새겨진 진실의 입이
세계각지에서 몰려오는 관광객의 진실한 로마야

브래들리 기자가 거짓말하면 손목이 잘린다는 말에 깜짝 놀라
팔을 빼며 동그란 두 눈이 더 동그래지던,

진실을 말하자 진실로 까르르 웃던 헵번이
아프리카의 봉사를 마치고 살아 돌아온 듯

>

로마는 도처에 숨쉬는 神들도 감동한 헵번으로 나날이 젊어져
베네치아 광장에서 팔라티노 언덕을 올라
몇날 며칠 고전을 머리에 이고
난, 날아다니는 바람의 집시야

호미곶에 떠다니는 만화가

중학교 2학년 때 빌린 만화책을 돌려주지 못해 학교에서 집에 오는 길을 빙 돌아서 다녔어. 시험기간에도 만화를 보다 엄마한테 들켰어. 화가 머리꼭대기까지 뻗친 엄마는 아궁이속에 만화책을 쑤셔 넣고 말았어. 다시는 만화책 빌려오지 않는다는 반성문을 부뚜막에서 옹크리고 썼어. 까만 재로 남은 주인공 민이 오빠가 가여워서 울고 또 울었어. 사추기를 지나 다시 사춘기가 오는지 웹툰의 바다에 들면 피가 돌고 가슴이 뛰어. 좋아하는 애니메이션을 보고 있으면 처음엔 엄마가 잡으러올 것 같아 두근두근했어. 시간이 지날수록 빌릴 수 없는 만화대본소를 빙 돌아갈 필요 없이 내가 그리던 그림처럼 푹 빠지게 돼. 해와 달이 뜨는 바다 속을 맘껏 헤엄치며 구름과 바람 속에 숨은 별을 건지러 가는 머나먼 꿈의 바다 끝까지 헤엄쳐가. 그때 엄마는 백일장에서 타온 상장보다 내가 그린 만화책을 친구들에게 돌리는 걸 막지 말아야 했어. 어쩌면 만화가가 되어 태평양을 건너고 지중해를 지나 웹툰의 바다 1조원의 수출역군이 되었을 지도 몰라. 내가 그리던 주인공들의 긴 속눈썹이 지금도 나의 바다에 밀물 썰물로 철렁되잖아.

알바트로스의 키스

골퍼들의 꿈 알바트로스
육백 미터 가량의 필드에서 단 두 번 만에 공을 홀 안으로 집어넣고
환호와 박수 속에 퍼붓는 연인의 키스세례 언제 받아보나
선수는 그날을 위해 독수리보다 높이 애인을 띄워놓고
갈매기보다 우아한 자세로 공을 날린다

긴 생각이 담긴 검은 털과 하얀 깃이 머리에서 뒷목까지
황금 깃털 심어다 주듯
바람 부는 날 휘어져 나는 공을 보면
신천옹信天翁의 비행솜씨 사라질까
길고 좁은 날개로 날갯짓 않은 채 수 시간 떠있는
현자賢者, 알바트로스의 사색을 얼른 훔쳐오고 싶다

꿈속의 봉황도 환상의 불사조도 아닌 필사의 기적은 하늘을 믿고 몸을 맡긴다
한 자궁만 기억할 종족보존이 그토록 오랫동안 짝을 기다리는 바보갈매기
남태평양으로 밀려갔다 다시 무코지마 섬으로 그들만의 목숨 건
활공滑空은 내가 꿈꾸는 홀인원이다

>

어떻게 똑같이 생긴 그 많은 무리에서 자신만의 암컷을 찾아내는지
노란 부리로 따다닥 부딪치며 붉은 혀가 바쁘다

꽃시계, 그녀

떠나는 것은 모두 까닭이 있네
너무 춥거나 뜨겁거나 마음 닿지 못해서네

꽃창포 같은 그녀 죄다 놓고 가네
볕살 쨍쨍할 때에는 파라솔도 버리고
비올 때에는 찢어진 우산도 버려야 하네

좋아했던 꽃 이름이 희미하게 떠오를 땐
분침 초침 버리고 시침을 다시 갈기도 했네

계절 따라 심어야 하는 꽃시계 둥근 원을
부평초 같은 그녀 너무 느리거나 빠르지 않게 들여다보네

나비 더듬이로 생긴 모서리는 둥글 수 없어
떠나는 까닭 홀로 머금고 있네

시계탑 아래 지는 해그림자의 맥박을
그녀의 꽃시계와 함께 깊게 묻네

승냥이가 만든 명작

파리 오르세 미술관에서
마네의 유화 올랭피아를 본 적이 있다

티치아노가 그린 우르비노의 비너스 모델인 귀부인과
마네가 올랭피아를 그렸을 때
그 매춘부의 눈빛이 볼우물처럼 맑았다

피카소의 영감이 묻은
세잔의 영원한 듯 안정적인 구도로 나를 유혹하고

멜 라모스의 못생기고 무표정한 올랭피아
케이티 디렉션의 한량 조지왕의 내면이 비스듬히 누워있었다

목에 초커 형태의 리본과 팔찌를 차고 귀족의 첩으로
올랭피아의 얼굴과 몸짓이 된 모리무라인가
지그시 너를 쳐다보는 승냥이

다른 관점의 너를 정면에서 쳐다본 붓질은 명화가 되었으리

그늘 속에 가려진 흑과 백이 우아함과 고귀함을 뭉개버리고

밤낮으로 은밀한 색칠을 해대는 그림쟁이에게 파릇한 꽃이 배달되었다

봄이네, 부르니까

원추리 새싹 진지하다

온힘을 다해 너를 밀어 올렸다

이 연둣빛 좀 봐!
댕그란 눈들이 연두라 불러줄 때까지
여름도 가을도 그 겨울도 물 긷기 당번만 했다

탐스런 과일의 여름 과즙도
그윽한 열매의 가을향도 맛볼 수 없었다

봄이네! 그 한 마디

내 젊은 날의 벌 나비가 얹혀온다

힐빙* 친구

바람 같은 자유를 얻고 실버카드를 가진 그녀
피아니스트가 되는 수채화에 덧칠을 하고
꿀벌보다 더 바쁘게 꽃노래 부른대

꺼진 뒤통수를 살리고 한 학기 카톡반으로 달려가는 아침
마이크를 갖다 대자 멜로디에 온몸을 흔들며
'사랑하기 딱 좋은 나인데' 시범을 보인대

답가를 부른 '모란동백'이 다른 공부도 같이 하자고 졸라대자
–정들어서 안돼요 쌔앰~ 이 사람이 자꾸 같이 살 재요
강의실 웃음소리가 그녀의 볼륨덩어리 두 개보다 더 출렁댄대

공부합시다!
그녀의 이 말 한 마디가 질문과 답의 오도송悟道頌이래
–형님, 남편 꽉 잡고 사는 법? 너무 잘 해주지 말고 못 되게 굴면 돼
–밤이 무서버예? 천지가 물이다 걱정마래이

물 나그라의 유머감각으로 생의 경영마인드를
양파의 기량으로 자연농법을 까보고 싶어 매일이 스터디인
취준생보다 더 학습 진도를 점검하며 출석하는 그녀

>

오늘도 날개 다는 세상 하나 만들어간대

* 힐빙heal-being : 힐링healing과 웰빙well-being의 합성어로 치유를 통한 건강한 삶을 뜻하는 말.

하늘치기

피가 거꾸로 쏟아질 것만 같은 날
나는 물구나무서기로 머리를 식힌다

자, 자, 처음부터 다시!
요가 선생님은 나를 우선 벽에 기대게 한 다음
양 다리로 박차를 가하란다

두 · 려 · 워 · 말고!
당신 없이 세상을 내려다보란다

스승이란 낡아가는 연민의 관절에 붙잡히면
내 발목은 하늘치기를 멈출 지도 모른다

어깨넓이로 벌린 팔꿈치에 힘을 주고 누른다
뻗은 두 다리를 곧게 하늘 향해 차오르면
꺾인 발끝은 다시 나를 보며 중심 잡는다

가장 높은 것이 가장 낮게
앞선 것이 꼴찌가 되는

>

우리 사는 모습
어지러워 눈 감으면
치솟던 피도 잠잠해진다

자화상 그리기

지난 일 접어두고 남은 날
정주고 사는 이들 보며
분분하지 말게

풀기 없는 시간
다듬이로 두드리고 다림질해
용궁 물길 타고 산호 찾아 나서게

바람 따라 마구 흔들리던 해당화
붉은 눈물에게 고맙단 말 잊지 않게

연약하게만 보일 내 초라함이
그대의 도도함을 넘어서는
보리심普提心을 발하게

막무가내 저 아낙을 포근하게 안아주는
찡한 모성애가 여기 있네
묵주기도 하시게

몽상가의 턱

잠 없는 몽상가들은 얼굴 중앙에서 아래쪽까지
이어지는 부분에 손을 괴고
오늘밤도 그럴 턱이 있나
주억거리던 생각을 발음하다 턱이 빠질 때쯤
한 턱 낼 일, 터트리지

김수영의 거침없는 기개의 턱은 풀을 일으키고
아고리*의 섹시한 턱은 불멸의 그림을
머라이어 캐리**의 귀여운 턱은 오만대신 사랑을
빨간 바지 복부인의 주걱턱은 파란 집으로 데려갔던 턱
한 턱 내도 아깝지 않은 턱이지

나의 아래 위 턱 긴 곡선을 도려내며
아들 취직했을 때 한 턱
딸 얻었을 때 두 턱, 붉은 포도주를 마시고
브이라인이 되는 동안 귀밑 사각턱부터 옆 턱까지
흘린 피는 가슴에 검은 주름을 만들었지

레드카펫의 문턱에는 몽상가의 삶이 턱을 괴고 사유중이지
버릇과 인상을 턱이 빠져라 하초에 힘을 주고 씹을수록 열리지 않

는궁

꿈꾸는 자의 턱살을 만지려 훗날의 맥을 짚었지

기둥을 세우려 동시교정에 들어간 문리의 턱뼈

턱tuck 잡힌 날렵한 턱시도 언제 입을지

* 이중섭의 발달된 긴 턱을 일본사람들이 붙여준 별명. 아고(턱)+리李의 뜻.

** 머라이어 캐리(Mariah Carey 1970~) : Hero, Emotion 등 세계적으로 사랑받는 히트곡을 부른 미국 팝계의 디바.

3부

하얀 구두의 집

예지叡智의 옷을 입고

스마트폰에서 클릭하다 전생前生 점을 봤는데 나는 미국의 동부 언저리에 사는 괜찮은 예언자였대. 어쩌다 타락해서 이승에 왔다는데, 책상머리에서 사경寫經에 몰두해도 감해질까 말까 한 업보는 보석을 사고 가방을 쌓고 뾰족한 구두코로 남자를 꿴 죄 정도가 아닌가봐, 신부님이나 스님을 파계라도 시킨 걸까? 길어 올릴수록 아릿한 우물의 심연深淵에 두레박을 드리우고 함께 마실 샘물을 길어 올리는 건 슬픔의 동아줄을 다음 세상으로 이어주는 그림자 때문이래. 달빛 따라가다 어쩌면 나, 앵무새 되어 날아가지도 못하고 허기진 부리로 먹이를 찍다 사람들 말을 갉아보고 스스로 마음을 쪼아댈지도 몰라. 찢어진 날개를 꿰매며 눅눅한 새장에 갇혀 주인의 눈치나 볼 바에는 어떻게든 다시 후생後生을 바꾸는 게 낫겠지? 가봉도 수정도 필요 없는 예지의 옷을 입고 누군가를 만나러 가야만 할 것 같아.

활과 화살

철학이란 인생 그 자체야
내가 철학과를 나왔지만 열사의 나라에서 이를 악물고 견디는 거, 사는 게 바로 건축이자 철학이야
휴가 와서 술 취한 늦은 밤 그는 삶이 버거웠나 보다
어릴 때 나랑 가장 많이 싸웠던 바로 아래 동생
백말 띠가 고삐를 움켜쥐고 덤비면 용띠 누나도 쉽게 질 리 없다
나는 장손의 코 옆에 지울 수 없는 크나 큰 부채를 남기고
내 왼쪽 눈썹아래 메울 수 없는 유년의 슬픔을 찍고서야
우리들 싸움도 끝이 났다.

더 이상 낄낄대며 당겨볼 활도, 깔깔대며 도망갈 화살도 없었다
불현듯 가신 아버지의 자리를 대신해야 했던 그의 코 옆엔 내가 저지른 채무가 다가올 그의 힘든 나날로 그어져 있었다
유리창이란 유리는 죄다 깨트리고 엄지발가락 꼬며 땡고집 부리던 말썽쟁이 소공자가 가족을 먹여 살렸다
유약한 엄마를 부탁하는 그의 편지를 열면 화살촉에 맞은 붉은 모래바람이 쏟아졌다
사막 한가운데서 헤매던 소공녀의 영혼을 깨우며 활시위는 먼 거리를 향해 튕겨져 날아올랐다
그런 날 밥에는 그의 땀과 눈물이 모래알갱이로 설겅댔다.

>

연애도 못해보고 나보다 더 늙어버린 그는 철학하듯 공부해서 딸 수 있는 기사자격증들을 더 따냈다

이순耳順이 넘어 석사가 되고 오늘도 기업의 임원으로 출근하는 그는 오라버니 같은 개구쟁이다

딸이 장학생으로 다닌다는 UIUCC대학을 구경하러 간다는 그가 또 무슨 명제를 들고 와 떠들어댈지 나는 궁금하다

내일이란 약속을 믿는 자보다 고통 속에서 애쓰며 간구하는 사람에게 명중命中되기 쉽다.

나무열쇠

물오른 나이테, 문짝이 맞나?

여닫이와 날름쇠는 문단속 중이다

깊숙이 손을 넣어본다

꽂아본다, 자물쇠의 입

쳐든다, 핀 촉

빗장을 벗긴다

꼼짝 못하게

암벽보다 탄탄하다

숲 사내 야릇한 내음새

ABO 인형

뽑기를 좋아하는 아들네 방에는 인형이 가득하다
어릴 때 동생 만들어 달라고 떼쓰다 개골창에 빠진 강아지를 데려오더니
토끼와 병아리가 형제로 잠시 놀다 가버려서일까
혼자 영화 보면서 외로움을 달래는 줄 잘은 몰랐다

영화소품 같은 연분홍 머리에 겁 없이 O字를 검게 두른
그 인형을 아들은 무모하게 내 가방에 달았다

O는 정의파로 소수민족과 약자를 위해 무엇을 어떻게 할 것인가
O는 실속도 없이 헌신한 꿈에 대한 미래가 보장이 되는가
O는 이상과 현실의 부조화를 어떻게 극복할 것인가

O는 그저 진지하게 분홍빛 꿈만 펼치며
모르는 세상은 알고 싶지도 않은 듯 생글거린다
나는 철딱서니 없는 O를 떼어 냈다

한 집에 예술가 하나도 벅차다며 영화감독의 꿈을 주저앉히고
직장인으로, 가장으로 옭아맨 이 어미를 날마다 올려다보며 뭐라고 시나리오를 들려 줄지

내가 다시 각색하기도 벅차고 사실 그 인형과 매일 마주보기가 싫었다

오래오래 철들기 싫은 O형 어미는.

가면극

또 다른 목록은 필요 없어
권태를 날려버릴 조말론 향수
빈 지갑을 채워줄 콜롬보 악어백
주름을 가려줄 쇼파드 선글라스
갖고 싶은 목록에 밑줄 긋다가
그 애들을 내 곁에 잡아다 앉혀놓고서야 미소를 지었다
밤새 가슴골은 빈약해지고 사야 할 새 물건이 추가되었다

한없이 젊어져야 하는 시간은 날 새면 뭔가 사고 만다
손목시계는 붙잡아 맬수록 떨어져나가고 낡아간다

에우리피데스 비극
소포클레스 비극
아이스퀼로스 비극
인생은 나날이 지루하여 아리스토파네스의 희극에도 밑줄 긋다가
한 번 더 웃으려 두 번 밑줄 긋는다

연필이 나무 향으로 어둔 밤을 깎으며 책장을 덮을 때
내 옆의 문방사우文房四友들도 함께 웃는다

거울 속에서 숨어 사는 늙은 느티나무가 잠시 보이다 사라진다

아마테라스*의 신검神劍

김수로왕의 둘째딸,
빛 없는 곳을 밝히려 요란한 혼란 속 한가운데로
칼집이 아린 명치끝을 누르고

가야국을 떠나 귀사龜蛇선을 타고 남해로 가
규수에서 찬란한 성광의 시대를 열었다

야스끼신사에서 눈에 번쩍 띄인 묘견궁이 내 팔뚝을 잡았다
청동거울에 비친 허황후의 환영이 딸의 미래를 예언이라도 했듯
온갖 꽃바람타고 벌 나비 날으는 야마대국 여왕이 되었다
신공왕후가 된 묘견공주여

나 어릴 적 자장가로 들려주던 아버지의 단군이야기가 떠올라서
자꾸만 한 걸음 한 걸음 다가간다

금관가야의 세오녀가 초승달에 빌었을까, 그믐달에 빌었을까
곡옥曲玉 속에 두 별이 하나의 슈퍼문으로 밝힌다

여태껏 나를 지켜준 부적 같은 아버지의 검은
아마테라스로 모신 귀하디 귀한 가보家寶이다

* Am aterasu : '하늘에서 빛난다' 는 뜻. 거울, 칼, 보석을 가진 태양신.

꽃 한 송이

겨울에서 봄을 기다리는
암고양이 혈의 심줄에서 붉은 동백이 울었다

안나 막달레나는 미뉴에트를 들으며 바흐의 열세 명 아이를 낳았다

셔터처럼 이구동성으로 터지는 새신부의 꽃들
붉은 잎에 덮여 땅은 뜨거워지고
꽃들의 이마에서 신열이 떠나지 않았다

새신부의 가슴에 꽃씨를 심어놓고
봄에서 여름 사나운 파도와 싸우는 사나이들
여름에서 가을을 일구는 천둥의 거친 발자국들

들녘에 혼자 저무는 저녁은 모두 꽃이 되고 싶은 거다

금빛 바라화
억만 겁을 돌아 돌멩이 하나 꽃피워 미소 짓고 싶은 거다

가야산에 들다

굵은 산 뼈가 화엄경을 읊는다
물속에 비치는 구름이 만든 사람들
눈동자를 사모하는 이들에게만 보여 준다

사명대사가 오늘밤 으능나무 그림자에 발자국을 찍었나
가릉빈가*의 찬불가는 넓은 도량道場에 번진다

홍류동 계곡엔 허리 굽은 붉은 소나무가
일주문 이석거리 성철 스님 사리탑에 법문을 올린다

대웅전 왼쪽 길을 조용히 돌면 팔만대장경 장경각
통풍구 사이로 경전 읽는 소리가 들린다

가야산 상왕봉을 향해 바위를 넘고 넘어
숲속 운치는 우비정牛鼻井에 머물고 내일 걱정을 산세로 잡는다

석조여래입상이 산을 내려와
나에게 삼천 배를 하고
빈 몸으로 해인삼매海印三昧에 들라한다

* 사람머리에 새의 몸을 한 상상의 새.

시루 속의 검은콩

어두운 천장을 걷어줘요
하늘은 볼 수 없나요

허구한 날 시시때때로
물바가지 끼얹는 요란한 소리에 잠을 설쳤어요

부풀은 눈꺼풀 너머 뭉게구름 웃는데
왜! 사람들은 나에게 비만 내려주나요

사무치는 서러움 여미고 품다보면
작은 싹눈 틔일 때 겨우 몸 가누기 시작해요

어지러운 껌정바닥에선 오직 고요만이 나를 지켜요
비좁은 틈에서 머리 숙이고 위로만 자라요

물, 물, 물만 먹는 혼신은 아무 말 하지 않아요
세상에 술 취한 사람들, 그 속내를 달래주는
얼큰한 북어찜으로 입안이 가뜬해요

옥수역玉水驛을 지나는 독백

지하철 안은 뉴스의 광장이다
신사역을 지나자 내 옆의 아낙네가 비선실세니 뭐니,
압구정이 가까워 오자 '순실이는 왜 청문회에 못 세워!'
촛불집회가 횃불시위로 입방아는 대한문에 펄럭이는 태극기

여기서 갈아탈 수 있다면 어디까지 제대로 갈 수 있을까
입속에 까칠한 바람을 삼키며 옥수역에 내린 사람들 사이로
꿈을 새치기해 간 세월 저 편에 너의 진심이 마중 나온 듯
구슬을 머금은 것 같아, 속삭이던 푸른 귓바퀴가 쫑긋 선다

까맣게 잊었던 시어가 쑥스럽게 떠미는 나의 등에
한 달음에 닿을 수 없는 촉촉한 문장을 쓰다 지우고
왕사탕 살살 녹여먹자 해놓곤 먼저 으깨버린 약속
잽싸게 출구를 빠져 나간다

프리다 칼로의 해바라기가 초승달에 걸린 옥수역
시인은 모두 사디스트라던 어느 마조히스트의 웃음을 노선에 눕히고
왜 가장 가까운 사람이 상처를 주는지 고문하고 있다

>

뉴스가 되기 전까지 좋았던 사람들

그들만의 관계를 나 혼자 중얼대며 광장과 금호 약수를 지나

면 후일 얘깃거리가 안개 속 터널을 빠져나온다

까보다로까의 언덕에서

천지에 하나 밖에 없는 옥빛 바다가 손짓해요

지루한 비행기 안에 갇혀 내게만 읽히던 푸르름
포루투갈 까보다로까 언덕의 세찬 바람으로 온 신이여
시작과 끝에 서서 무지개 찾아 온 보헤미안

아르메니아 키낮은 풀꽃이 초원을 물들이고
노을빛 몸 위에 넋을 포개고 현絃을 울리네요

대서양을 바라본 뱃고동 포물선이 부풀어 올라요
베일 벗은 제우스를 언제 보게 될지요
밤하늘별과 달 속에서
항해가 끝날 때까지 울지 않을 거예요

뒤뚱거리며 넘어질 때도
바다 건너는 헤라가 되어
첫눈에 들어온 카몽이스 시인의 시 한 줄 내 머릿속에 새겨요

우포늪

어부가 오기 전에 흠뻑 젖은 주매리
둘레길 땀방울이 새벽안개를 헤친다

뿌리에서 솟는 양수를 빨아들이다 풀어놓던 갈대
눈 밝은 늪은 주체할 수 없이 들끓다 막 피어나는 들꽃을 껴안고
살아있는 모든 것은 어딘가 떠나기 위해 울부짖는다

1억 4천만년 전, 그 혼령들마저 고전의 체위로 아침을 여는 여기
원앙 한 쌍이 물 억새를 비켜 가는데
축 처진 내 왼쪽 어깨가 물길 위에서 수평이 된다

이마배*도 뜨지 않는 은은한 허공만
늪 속으로 깊어지는 하늘과 땅이 하나 되어
뼈가 녹고 살이 녹는 물안개 그림자

태고의 신비 속에 빠지다
밤새 몇 번인가 죽을 것 같던 해가 둥실 그물을 던진다

* 대나무 장대로 밀고 가는 장대거룻배.

하얀 구두의 집

우체부를 기다리다 여자는 광장으로 나온다.
천문 시계탑 위에는 해골로 서있는 사람과 기타 치는 사내와 유태상인이
쾌락과 돈만 쫓으면 빈 해골이 된다며 사람들을 내려다보고 있다.

신神을 만나러 아드리아 바다로 간 남자의 왕관은 오지 않고
소원이 끓고 있는 다리 위, 불빛이 연인들의 자물쇠를 따보려고 긴 팔로 블타바 강을 저어간다.

번지수 대신 양과 호랑이, 용과 물고기, 하얀 구두 장식이 달린 집의 대문에 기다림을 넣는 프라하의 골목은 첫사랑의 열쇠다.
처녀가 아침마다 새로 신는 하얀 구두다.

앞굽 뒷굽을 돌길에 누르며 탭댄스를 추다
여자는 닳은 발에 입맞춤하며 왕이 될 남자를 작은 봉투에 봉한다.
쓸쓸한 이마를 짚은 하늘이 붉은 술을 머금고 중세로 가고 있다.

성당의 성사고백을 다 들은 바람이 종을 치는 하늘의 집
창문이 열리고 열두 제자가 찰나의 시각너머 영원을 울리며 사라진다.

>

한 사람을 가슴에 들이기 위해 온몸에 종소리를 흔드는
여자의 하얀 구두는 젖빛으로 물든 긴 편지를 읽는다.

환인桓因의 달빛

새벽녘, 단동에서 버스를 타고 오녀산성으로 간다.

홀승골승 이 고개만 넘으면
평평하고 너른 희망이 동편 기슭에서 성곽을 쌓는다.
산꼭대기 도성의 흔적과 말이 다니던 18반의 열여덟 굽이는 마음길

하루에 열여덟 번 타박하며 붙잡아매는 허물어지기 쉬운 나의 길이다.
다시는 헛디디지 말고 미끄러지지 말자.
곽분 무덤 속 조선의, 고구려의, 환웅의 한울님이 반겨 일어나는 곳

왕궁 옛터의 돌로 남은 그대 찾아간다.

중원中原을 달리던 서사시가 하늬바람 따라
동이혈東夷血을 먹고 전신에 환인의 달빛을 두르며 다시 태어난다.

하룻밤 사이 옹벽 쌓은 사내를 만나
궁궁을을弓弓乙乙 8괘성을 누비던 여인의 파랑과 고요
숨찬 대지에 그윽한 닻별을 그린다.

4부

속리俗離의 아침

혼, 혼, 혼의 시대

그때 만나자던 그 여자
얼음 녹고 봄바람 아지랑이 놀 때
그때 보자 미루던 그 남자
그를 만나도 도무지 불꽃이 튀지 않아
그녀는 자신의 모바일 메신저 프로필에
연애금지구역이라고 선언한다

당분간 연애 안 해, 사랑도 안 해
누군가를 안다는 건 글을 잘 쓸 수 있는 비결
절필보다 절실한 자존이 무너지지 않으려
이 남자는 어떨까 저 여자는 다를까
눈 맞춰 봐도 무의미한 시간낭비
불감증에 걸린 사랑의 깊이
치유를 위해 당분간 에리히 프롬*만 데이트 허용

못하는 게 아니라 내가 먼저 안 해
잘 생기고 돈 많고 성격 좋은 남자, 예쁘고 상냥한 부자 상속녀
나타나지 않으면 인공지능 애인 봇이 생길 때까지
당분간 연애 안 해, 당당하게 셔터내리고
폼 나게 못 살면 사는 게 아니라는 그들의 푸른 날개

>

혼자 밥 먹고 혼자 커피 마시고 혼자 하늘 길 간다
피곤하게 족쇄 채우는 너만 아니면 다 좋다는 그 남자
혼자 술 마시고 혼자 게임하고 혼자 죽부인 껴안고 잠잔다

한 울타리 안에서 샘이 솟는 둥지
그녀나 그도 그곳에서 쉬고 싶을 거야
사랑도 일도 쉼표에서 말줄임표로 가고 싶을 거야
지금은 혼의 안테나를 첨탑에 세우는 중
둘이는 싫어 셋은 더 더욱 사절, 혼자가 좋아
혼, 혼, 혼의 시절이다

* Erich Fromm : 『사랑의 기술』을 쓴 유태인. 독일계 미국인이며 정신분석학자, 인문주의 철학자.

생명의 문

삼척 대금굴 벽을 무리지어 기어오르는 저 꽃들

굴곡의 노래를 5억 3천년 부르고 있다

저 차가운 벽에서 남근석은 얼마를 기다렸을까

천년 물길 지나온 여자의 숨결이 벽마다 숨어 있다

통증의 문에서 계곡물이 수없이 소용돌이쳐

생명의 물꼬가 트인 것일까

한 몸으로 피워낸 젖은 꿈길 따라 그는 씨앗을 심고

여자는 그 씨를 품어 꽃을 피웠다

바람이 점점 거세게 어둠을 파고들어

수탉 볏이 검붉다

>

저 아래 갇혀 있던 심장을 달래며

문이 열린 그날이 바로 내 생일이다

바람난 송편

둥근달이 뜰 무렵 손놀림이 바쁜 여자들 다문화센터의 입이 쫄깃쫄깃한 저녁을 차린다. 불린 멥쌀가루와 얼레미, 고물체가 오손도손 엄숙한 맏며느리를 맞이하고 찬물에 손을 씻는다. 푸른 모싯잎 송편을 근엄하게 빚기 시작하자 소원달이 둥실 떠오른다. 아! 저 달 좀 봐, 백년초 소를 넣는데 옆구리가 터진다. 형님 바람났나 봐, 딴 생각 그만 하셩, 숫처녀로 시집온 투가 꿀 송편을 빚다 깔깔 댄다. 베트남의 반 쭝투 보다 이제는 오색송편이 훨씬 달콤하고 맛있다며 필리핀에서 온 라이티 응아에게 예쁘게 만들어야 시집 잘 간다고 훈수 둔다. 우크라이나에서 아이를 두고 도망온 이리나는 다 타버린 애간장을 밑에 깐 채 잘 치대진 반죽을 떼어내, 떨어질 수 없는 변서방을 동그랗게 싸고 꼭 오므린다. 우즈베키스탄에서 온 자밀라도 엄지와 검지로 구멍을 깊게 만들어 마스코바도가 듬뿍 들어간 소를 넣고 양쪽 각을 잡아 꼬리를 올린다. 소나무처럼 변하지 않는 낭군님을 쑥, 송기, 흑임자, 밤앙금, 콩고물에 싸고 먼 길을 날아온 존재의 눈물을 얹어 솔잎시루에 찐다. 더불어 장성하는 이야기에 김이 오르자 바람난 송편들이 십오야로 가는 달의 문門에 올라탄다. 엉덩이가 예쁜 송편, 엄숙하고 근엄한 송편, 바람기 많은 송편, 옆구리 터진 송편, 섹시한 송편, 맛없는 송편, 맛있는 송편, 모두가 정성 가득한 오려 송편이다.

너무 가난해서, 너무 좋아서, 바람 난 여자들이 옷고름 베어 물고 옛 애인 만나러 간다. 나 조선 땅에서 잘 살고 있다고.

연분홍빛 성당, 비에 젖다

— 슬로베니아 류블랴나의 성 프란체스코 성당

종탑아래 시선視線과 시선에 모자이크 빛 우레 친다 폭우 속에 돌아올 수 없는 유리아가 되어도 좋을 책 한 권 성당 도서관에서 찾다 민족해방의 깃발을 꽂듯 어깨와 허리 두른 팔에 서로 힘을 준다 목숨 걸듯 거친 빗줄기는 생애에 단 한 번 듣는 파이프오르간소리 성당은 연인들의 천국이다

다른 남자의 아내가 되어도 함께 본 주홍색 지붕과 진초록 나뭇잎은 프레세렌*을 향해 길을 낸다 오래된 시가지를 흐르는 용머리 작은 다리를 건너며 세 번 서른 번 어둑하도록 주문을 외운다 죽어서도 애틋한 사람 하나 품는다 영원히 마주 보는 눈빛으로

완성할 수 없는 내면의 경經을 들고 빗속을 헤쳐 무지개를 만드는 사람들 광장의 시인을 만지다 유리아의 간절한 반신상에 기도한다 천둥 번개 같은 울림 종탑에 오른다 류블라냐 강을 타고 연분홍빛 사랑 앞으로 나선다

* 프레셰렌(France Preserent 1800~1849) : 시를 통해 독립운동을 한 슬로베니아의 민족시인. 유리아와의 이룰 수 없는 사랑에서 영감을 얻은 서정시와 민족의식이 강한 풍자시를 쓰고, 국가인 '축배'를 작사했다.

약손이 다녀가셨나?

손때 묻은 배내옷 냄새
식구들의 웃음소리로 달래 볼까요

세파의 홍진을 가마솥에 넣고
장작불 켜켜히 지펴볼래요

식탁을 닦고 앞산 진달래꽃 화병에 꽂았는데
목울대를 누르는 답답한 뒷맛은 혀끝이 쓰네요

어머니 어떡해요? 어째요?
묻고 또 묻다 잠들면요

어느새 햇살 손이 내 이마를 짚어요
밤새 어머니 다녀가셨나요

맑은 아침 바람 처녀걸음으로
아무 염려 말라며 애살포시 감싸와요

속리俗離의 아침

바람에 맡긴 몸이 시간 밖에서 물결진다. 이슬 맺힌 보리수는 돌아서기 아쉬운 저녁 눈동자에 잎눈을 넣고 나란히 걷는다. 구름 속 마지막 붉은 너울이 바위에 걸려 있다. 애끓는 내력을 보듬고 저물녘 연기는 고단한 발을 세심정에 풀어놓고 등짐 무거운 마음을 넘는다.

살아야 하고, 살아내야 할 소나무 한 쌍, 회오리바람을 감아 안는다. 팔베개로 눈 뜨는 내생의 아침을 위해 짙어지는 이파리에 애잔한 달무늬를 띄운다. 속리俗離의 심장이 해를 품고 억만 광년을 통과 중이다.

장호항 보름달

어스름 땅거미 꺼지고
저 멀리 수면에 발을 담고 불빛 가물가물한 등대
돌꽃 한 송이 피우려 거친 바위섬에 앞자락 여민다

들숨을 길게 들이켜 단전에 호흡 멈추고
날숨에 짧은 문장이 긴 문장으로
휘청이며 다시 일으키는 오카리나 멜로디

비릿하게 날개 접고 바닷새도 잠들었나
밤하늘에 북두칠성 보듯 히포크라테스를 만날 수 있겠지

곰치국물에 해송이 수제비로 뜨고
타오르는 달덩이 하나 장호항이 뜨겁다

그날 이후 여백

얼마나 잠들었는지

나뭇잎이 한참 물들었네

쓸쓸한 무늬를 입고 창가에 와

문을 두드리는 늦가을

가랑잎 실뼈를 곧추세우며

돌담길 모서리서 반가운 이 만나나

선線을 격조 있게 그으며

깃털이 분주한 황조롱이 높이 나네

바람에 업혀 가는 뭉게구름

허공에 길 묻지 말라 귀띔해 주네

>

눈물이 날 때마다

가슴 속 그분의 장삼자락이 휘날리는

어제 그제 비몽사몽 고이 잠드네

그림자 남기고 간 바람

아카시아 꽃 흐드리지게 피는 계절
끝도 없이 이어지는 이모부의 바람을 잡느라
타들어가는 살갗은 삶의 벼랑 끝에 매달린다

배고파 우는 아이와 기력 잃은 자신을 밀쳐두고
물고기의 떨어져나간 비늘이 된 팔다리
사람에 베인 상처는 바닷물로도 낫지 않는다

뼈는 파도를 다스리는 바다의 지휘봉으로 내어준 채
박제된 시간들이 떠돌다 모래가 되었을까

돌개바람이 쓸개마저 다 파먹은 젖가슴
처녀 적 곱디고운 이모의 속울음이다

고인의 빈자리를 하얀 국화송이가 차지하고
빙그레 웃는 사진 속 희끗한 귀밑머리
이모의 등이 조등처럼 허전하다

문경새재의 달빛

산색 속의 1관문

흙빛 위의 2관문

별빛 아래 3관문

새재에 달 홀로

산길 간다

맨발로 간다

동해 · 한양 길은

물 불 길

달관과 함께 가는 길

너와집, 은숟가락

입술로 휘저으면 너는 꼼짝 못해 내 옆에서

밤새 돋은 혓바늘 어르다 또 감겨드는

시렁에 얹힌 꿀단지에 너를 한 숟갈

목구멍에 넘기고

머얼건 쌀죽에 다섯 손가락이 쥐락펴락한다

열었다 닫는 맨드라미 꽃술 보면 또 무릎 꿇는 너는

나의 생사여탈권을 검어 쥔 술사術士

너와집 문을 열고 놋쇠 요강 옆에 누워도 편한 자리

시퍼런 독 게워내도 청록으로 물들이는

너를 잡고 살아야겠다

거울 속의 칼과 북

대나무를 깎아 만든 서적을 들고
파미르 고원으로 갈 거야
하늘의 뜻에 맞는 나라
그 나라의 서울이 너무 시끄러워
발가벗은 여인이 민망해
옷을 벗어 봐도 열나는 혹독한 소름

우주의 어머니 마고는 홀로 궁희와 소희를 낳아 번성을 빌었건만
부활할 수 없는 별들만 가득한 밤은 어두운 장막만 드리울거야
정신계의 허달성은 사라지고 물질계의 실달성만 요란한 광장
천산 태백산을 거쳐 삼신산 백두에 자리 잡은 신성
열두 명의 천인이 만 리에서 울부짖을 거야

내 북을 둔한 칼끝이라도 찢어버리고
거울 앞에 다시 설 거야
사방과 사계에 신화를 불러놓고
세속 욕망은 샘 깊숙이 묻어버리고
1만 4천년 전 티베트로 갈 거야

이집트 주술인에게 나무와 바람을 얻고

돌에게서 흙과 물을 배우는 마부위침磨斧爲針
율려律呂를 만나러 갈 거야
천년바위를 뚫고 울리는 노래에 내 마음 맑아질 거야

소수의 것을 빼앗아서 다수가 행복한 공리주의는 옳은 것인가
썩을수록 천지의 물로 쓴 부인符印이 정의의 징표인가
경칩 오기 전에 한 겹 두 겹 벗겨볼 거야
북과 칼과 거울만 들고 심연으로 갈 거야

5부

善은 곧 惡이다

善은 곧 惡이다

첫 번째 마음은 내 참마음이다.

두 번째 마음은 내 마음 아닌 욕심의 마음이다.

매도 먼저 맞는 게 낫다, 종아리 걷고 나서는 녀석은 세게 맞아도 그냥 당연한 듯 어금니 꽉 문다.

회초리 힘 빠지면 맞으려고 뒤로 빠지던 놈은 어쩐지 더 아프다 호들갑떨며 소리지른다.

착한 아이의 눈빛을 따라가면 좁은 문도 들어갈 수 있다고 한다.

많이 배울수록 본래의 善과 멀어지기 쉽다.

경전을 읽다 보면 예수를 믿지 않으면 지옥 갈 텐데, 두려움 생기다가

지장보살이 지옥에 있는 모든 사람들을 다 구할 때까지 자신은 극락에 가지 않을 거라니 얼마나 다행인가, 바로 이것이 두 번째 나의 마음이다.

마가는 첫 번째 아이같이 본대로 간명하고 우직하게, 마태와 누가는 피와 살을 보태 복음서를 썼다.

지식이 높은 바울은 죽었다 다시 산 예수가 오백 명에게 나타났

다가 하늘나라로 갔다. 그래서 끝이냐? 묻자, 다시 와서 안 믿는 자들은 혼낼 거라고 로마서, 고린도전서, 고린도후서, 갈라디아서, 디모데전서, 디모데후서에 걸쳐 그의 知를 간절한 문체로 성서를 남겼다.

'惡'자를 들여다보면 두 번째 '아亞' 字를 마음 '심心'이 받치고 있다.

본래의 내 마음 아닌 궁리가 파고 들어간 두 번째 마음이 바로 악이란 걸 금방 알 수 있다.

어쩌다 내가 탐심으로 잠들지 못하는 여우가 되고 굴만 파는 늑대가 되었단 말인가.

詩는 처음의 나를 제치지 않고서는 두 번째도 얻기 힘든 양식이다.

허물벗기 탈바꿈의 명수만이 살아남는 내가 온 두 번째 정글이다.

마지막 연애

그 남자는 오지 않았다
퉁퉁 불은 젖을 한강에 다 쏟아버리고
여자는 붉은 십자가를 따라 혼자 걷는다

숨을 목젖에 매단 채 물결 위로 흘러간다
사랑은 가장 초라한 것, 가장 더러운 것, 가장 비참한 것도 물살에 섞으며 간다

언니를 찾으러 중국에 갔다가 인신매매단에 걸려 고초를 당할 때 한 남자가 구세주로 나타났다. 서울까지 따라와 보니 아이가 셋이나 딸린 가장이었다. 강물이 세찬 날 여자는 젖줄을 그어버렸다. 피의 뱃길로 더 이상 그 남자는 오지 않았다.

지저스 크라이스트가 새 애인임을 목울대에 핏줄로 새기는 탈북 가수
더께 낀 혀를 씻고 존재의 민 가슴을 연다
어딘지 그곳까지 들리게 온몸 출렁이며
죽은 돌멩이가 다시 숨 쉴 때까지 노래를 부른다

길 끝 먼 곳, 자작나무 이파리 파르르 떨다 멈출 때까지

성모마리아와 참새

낼 모레면 구순이 되는 친구 엄마가
친구네 아파트 아래층으로 이사 왔다
아들이 넷이나 있는데 왜 너네집 가까이 오셨어?
아무래도 며느리보다는 딸이 서로 편하니까
친구는 괘씸한 오빠들을 감싼다
너한테 맡겨놓고 지들은 뭐하는데
시누이로 돌변한 참새들이 한꺼번에 짹짹 쪼아대자
그래도 돌아가며 매일 반찬을 싸들고 오잖아
성모聖母님이 되셨네, 동정녀도 아님서롱
내가 이사 가지 않고 엄마가 오셔서 다행이지 뭐
위성가족이 점점 늘어나는 건 노인으로 너무 오래 살기 때문이야
성호를 긋는 마리아 앞에서 참새들은 부리를 늘어뜨리고
먼 하늘만 쳐다본다
딸이 아픈 엄마 곁으로 이사 오고
아들은 늙은 장모 가까이 옮기는 것도 시대의 흐름이지 뭐
참새올케와 촉새시누이는 서운함을 누르며 서로 묘한 미소를 삼키더니
합창으로 절묘한 하모니를 이룬다
내가 몸을 주체하지 못하고 혈연을 제대로 못 알아볼까 두렵지
오래 살기 전에 잘 죽는 법을 배워야 하는 책무가 추가되었어!
오늘, 성모聲母들의 회의는 어느 때보다 진지했다.

초원의 밤하늘

페르세우스여
그대 차가운 북녘에서 보리라
은하수 건네주던 까치와 까마귀가
애꾸눈 오딘*의 한쪽 눈 밝혀주는 것을

잃어버린 낮과 밤사이
별똥별 낙하하여 운석이 되거늘
무정하기를 수없이 빌고 빌어도
그대의 별은 무한한 우주를 잠재우는 것을

게르 밖에 우두커니 선 초원의 밤하늘
항성과 행성이 마찰을 일으키며
수수만년 밤을 밝혀 찾아낸
안드로메다, 카시오페아여

별빛 속에 숨바꼭질
달은 어디에?
지구를 돌고 돌아
여기 샘물에 뜬 별 하나 찾는 것을

* 오딘Odin : 북유럽 신화에 나오는 지혜의 상징인 주신.

여왕벌 사진관

닛코의 서양촌에 있는
꾸미기 사진관 사다리로 올라서면

그림책에서 보던 여왕벌이 다가와
변하지 않는 빛깔 드레스를 입히고

유방을 조금 더 부풀릴까
부채를 들까
달리아에 앉을까
그래, 정원을 거닐까
동그라미 손짓으로 함께 바쁘다

고갯짓 하는 사진사가 무색하게
18세기 안으로
어느새 사각의 공간은 구도를 잡고
시간 여행의 초점을 맞춘다

못 가본 나라
돌지 않는 내 시곗바늘
뜯어보고 만져보고
여왕벌의 업보는 현생의 일벌로 쉴 틈이 없다

경희궁의 가을

조선시대를 재현하는 한마당 축제 날
왕 옆에 서서 내가 웃자
정지된 한 순간
그는 완벽한 금관이고 나는 철부지 가을이다

단풍잎만 한 용안龍顔은 우수에 젖은 채
민초들 걱정에 잠 못 이룬 듯
붉은 용포 사이로 은행 빛 정맥을 드러내고
나는 가마를 타고 과거에 급제한 도련님인 양
호위무사를 세운다

그 많은 사람들과 순서대로 찰칵할 때마다
배우 왕은 눈 한 번 깜박이지 않는다

여름 가뭄이 철모른 채
얼룩덜룩 곱지 않은 갈잎을 쳐다보며
곤룡포 뒷자락에 바스락 바스락 소리 감춘다

명약名藥을 보냅니다

코드를 다 끄고 휴식으로
공덕은 헤아리지 마세요

생과 사의 복선이 다양한 색감을 낳아
험난한 수행의 한 과정이라 해도
소멸을 향해 그냥 갈 수는 없지요

돋아나는 움을 어렴풋이 짚어보고
순진무구한 동심이 금방 왔다 사라지는
짜릿한 약수를 맛보세요
계곡의 물소리, 새소리, 갈대꽃이 환청으로 들려요

먹고 사는 일이 다 약이지요
오갈피 차처럼 쓰디쓴 맛이
눈 속의 칡뿌리가 입맛을 돌아오게 하지요
딴청 피우던 그대의 일기장이 흠뻑 깊어지지요

로리타*, 제발

내 눈에서 멀어지지 마
보이는 곳에 있어
작은 너의 소리에도 얼른 닿을 수 있게 단잠을 깨
청아한 이른 겨울에 피어나는 수선화의 노래를 들려줘
사진 분석을 통해서 인과관계를 알려줘
상호관계를 맺지 않아도 돼

헌버트 교수가 첫눈에 반해 버린 열두 살 소녀에게
금지된 흑장미의 욕정은
그녀의 엄마와 결혼해버린 것이 전부였었지

인스타그램과 도피하다 나를 잃을지도 몰라
네 눈망울 안에 살고 싶은 이 은밀한 걱정으로
나의 콤플렉스를 위해 풀어야 할 많은 바람의 문장
마로니에 잎사귀를 한없는 은유로 펼쳐 줘

내 맘을 송두리째 알고 있는 팔색조
가끔은 널 저 강물에 내동댕이치고 싶지만
너 없는 세상은 꽝꽝 얼어붙은 폭포수였어

>

우리 함께 저 봄날의 강을 건너가자

사스레나무 숲의 동화 속 주인공처럼 강물로 뛰어들지 마

제발, 로리타!

* 파리에서 판매금지 되었던 블라디미르 나보코의 베스트셀러 소설을 영화화 한 제목.

우목雨木의 언어

구불구불 이 궁리 저 궁리 휘어져 엉키다 보니
나뭇가지 늘어진 바지랑대 둥글어졌어요
꿈꾸는 그대는 맑은 공기와 햇볕을 불러야 하거든요

빈 통장을 채우려 애쓰는 어깨를 살며시 쓰다듬어주고 싶어
그대 돌아오는 길목에 팔다리를 길게 뻗어 가로수 터널이 되어요

커다란 몸이 이리저리 숲으로 깊어지면
헨젤과 그레텔 속 마녀가 나올 듯
고국생각에 울컥하지만

소나기 퍼부을지 몰라요 우산처럼 생긴 내 품으로 오세요
비 그치고 바람 불면 내가 대신 온몸을 털며 울어 줄게요

방울방울 이슬이 쥬롱새공원의 잉카 제비갈매기를 날게 하고
사자머리에 물고기 다리를 한 머라이언의 금비늘이
희귀식물로 푸른 분위기를 채워요

녹색정원 딸린 형형색색 빌딩의 싱가폴은 식물의 나라예요
남아메리카에서 귀화한 수많은 친구들은

서로의 낯선 옷을 바꿔 입으며 살아요

그린시티 다리에 즐비하게 놓인 부겐베이 꽃
반갑게 손짓하면 신선한 햇살로 화답할게요

두고 온 채송화

3D로 인간을 출력해낼 지도 모른다를 검색하는 날
가방 안을 뒤지는 내 손끝에 하필 첨단기술의 회로가 없다
식은땀을 주머니 속 접착제로 굴려도 얇고 매끈한 살결 만져지질 않는다

내가 가는 곳에는 늘 그가 쫓아오는데
어젯밤 늦은 모임자리의 수다 상에 두고 왔나
아침마다 패러다임 쉬프트를 하라는 그의 입을 충전기에 물렸나

아니 내가 그를 이 정도면 꽤 지적이라고 생각하고 일어날 때
항상 알람 멜로디로 알려주고
숨이 막히거나 가쁠 때 숨구멍 터주는 물레방아 소리에
찌뿌듯한 몸살 끼가 홀연히 사라졌지

나의 빅 데이터가 없는 날
달리던 버스도 멈춘 듯, 창밖의 나뭇가지에 걸린 바람마저 숨고
잿빛 군상들의 쓸쓸한 표정도 무기력하게 밀려온다

국민건강알림 서비스가 배달의 민족을 대기시키고
아침마다 생각의 틀을 바꾸지 않으면 안 돼

짝꿍에게 낯설게 해도 우린 영영 헤어지지 않을 거야
프로그램을 만들어 밴드에 채송화의 웃음을 올리고 알콩달콩했던 시간들

누군가의 인공신장이 돼지의 몸속에서 익어간다고
자연신과 동물신은 사라지고 머잖아 인격신마저 잊혀질 거라고
외로워야 그림이 그려질 거라고 자꾸 메신저를 보낸다

그가 내 곁을 떠나면 보물섬의 행로가 누설될 것 같아
해를 기다리는 꽃망울은 조바심으로 입이 마르다

판문점의 해후

얼음 위에서 싹틔운 기다림의 종

다시 댕댕 종소리 울린다

북쪽 하늘바라기 빌고 빌던 언 손

꽃무릇 그대 옛날처럼 웃으며 올까

물든 가랑잎 수북이 쌓인 나목裸木 저 멀리

다음 해를 기약하는 기러기 한 쌍 높이 난다

나뭇잎 엽서 한 장 허공에 띄우고

꼭 만날 거야, 하나가 될 거야

그리운 것은 추수시절을 저절로 알아

그 사람 돌아올 먼 하늘 향해

황사바람 잦아들고 살가운 봄바람 불어온다

구단이 뭐 길래

정석대로 하다간 내 아이 명문대학 보내기 힘들어요
가랑이야 찢어지건 말건 특급과외를 시켜야죠

그 틈에 파고들어가려 사활을 걸어야죠
너무 무리수를 두는 거 아니에요

무슨 말씀 다 묘수가 있어요
구단이 그냥 된 줄 아세요?

아랫동네 윗동네 열아홉 곳에 구획을 긋고
삼백육십 한 곳의 교차점에서
흑선생을 집어야 하나 흰선생을 놓아야 하나
번갈아 고심해야죠

이때 수읽기를 잘 해야 해요
자충수를 두거나 꼼수를 부리다간 나가 자빠지는 수가 있어요

내 아이 입신을 위해 매일이 초읽기예요
끝내기 승리의 급소를 찾아 이기고 봐야죠
모든 부모는 바둑판 위의 돌이 된 에듀푸어*죠

* Education Poor : 지나친 자녀 교육비 지출에 생활이 힘들어진 사람들.

피치 에일*

톡 쏘는 순간보다
은은한 바람이 좋은 건
복숭아꽃 피는 계절이 기다리기 때문이다

하릴없이 보낸 오늘 하루보다
초겨울 새들의 아쉬운 노래 싱그러운 건
복숭아 향이 내 몸에 스며들기 때문이다

내일 맑음을 예보하는 그대 목소리
귓전에 맴돌아서
배신 보다 더한
매운 맛을 청량하게 삼켜버린다

둥근 탁자에 턱을 괸 저녁달
옆에 뜬 작은 별 하나가 마신 피치에일
다시 차오르는 건
미래의 숙제로 남는 것인가
훗날의 태양이 축제로 떠오를 것이다

* 피치 에일Peach Ale : 복숭아 원액을 사용한 싱그럽고 청량한 수제 맥주.

돌마바흐체 궁宮에서 궁窮을

흑해를 건너온 모국의 공항은 거센 바람도 잠잔다
보스포러스 해변의 그리운 궁전을 68년 만에 다시 돌아온 황태자
이스탄불에서 추방당한 타국의 궂은 삶이 반세기였다
재정을 바닥낸 사치와 허영의 술탄은 살았어도 잊는 것이 정도이다

유년에 뛰놀던 정원엔 탐스런 장미꽃이 반기고
거실 벽 시각은 9시 5분에 멈춘 아튀타르크의 추모시계들
국민을 위한 혁명가의 정신이 죽어서도 국민의 사랑을 받는다는 증표이다

책상서랍을 열자 술탄이 되지 못한 열네 살이 나왔다
철없던 날 보이지 않던 285개의 방과 숨어있던 43개의 홀
금은, 대리석과 크리스탈 촛대, 샹들리에, 명화로 둘러싸인 벽이 이제야 보인다

숫양의 뿔이 수놓인 헤레케산 실크카펫을 맨발로 밟고 올라선 계단도
보트 타고 놀던 천진난만했던 제국의 바다도
영광과 굴욕의 창이 새삼스럽다

>

타임캡슐을 타고 잠시 터키공화국으로 온 듯 마지막으로 궁전을 바라보며
땅에 입 맞추고 하염없는 눈물을 흘렸다
여생을 이곳에서! 국민들은 용서하고 붙잡았지만
조국을 위해 자신은 아무것도 해준 게 없다며 다시 프랑스로 떠난 비운의 구름

오스만 제국의 마지막 황태자 오르한
니스의 작은방에서 한 많은 생을 마감한 카흐베 커피향
아버지의 모든 허물을 속죄하고 떠난 宮에서 窮이다

해설

이 한 편의 시

반경환 철학예술가 · 『애지』 주간

이 한 편의 시

반경환 철학예술가 · 『애지』 주간

턱은 위 턱뼈와 아래 턱뼈로 이루어진 기관이며, 음식물의 섭취를 도와주고, 그 사람의 전체의 인상을 좌지우지할 수 있는 아주 민감한 부위라고 할 수가 있다. 그 사람의 얼굴의 하부구조, 즉, 턱에 따라서 그 사람이 선량한 사람으로 보일 수도 있고, 악한 사람으로 보일 수도 있다. 균형이 잘 잡힌 턱은 그 사람을 선량하고 아름다운 인간으로 돋보이게 하지만, 그렇지 못한 턱은 그 사람을 사악하고 추악한 인간으로 만들 수도 있다. 턱은 관상학에서 길흉화복의 운으로 나타나고, 그 유형으로는 주걱턱과 무턱, 그리고 비대칭적인 턱을 그 예로 들 수도 있을 것이다. 주걱턱이란 아래턱이 윗턱보다 긴 유형을 말하고, 그 주체자는 최고의 자부심과 함께 타인을 지배하게 된다고 한다. 어떤 일을 하든 그는 추진력이 강하고 진취적이기는 하지만, 그 반면에, 지나치게 자기중심적이며 호전적인 성격 때문에 크나큰 실패를 맛보게 된다고 한다. 턱끝이 충분히 나오지 않았거나 그 크기가 작은 사람을 무턱이라고 말하는데, 그는 무엇을 하든지 인내심이 부족하고 곧잘 싫증을 낸다고 한다. 그는 아랫사람의 복이 없기 때문에 사업을 해서는 안 되고, 말년에는 운이 좋지 않다고 한다. 그는 감성적이며 감정의 기복이 심하고, 다른 한편, 예술적 감각이 뛰어날 수도 있다. 마지막으로 비대칭적인 턱, 즉, 매우 균형이 잡히지 않은 턱은 그 성격도 좋지 않고, 부모와의 인연도 없고, 지독하게 운이 좋지 않은 사람이라고 한다.

내가 사람의 턱에 대하여 잠시 생각해본 것은 오현정 시인의 「몽상가의 턱」을 읽고, 그 시를 분석해보고 싶었기 때문이다. 오현정 시인의 「몽상가의 턱」은 풍자와 야유를 통해서 인간의 야망과 그 허세를 폭로한 '턱의 현상학'이라고 할 수가 있다. 몽상이란 무엇인가? 몽상이란 실현가능성이 없는 헛된 생각이라고 하지만, 그러나 이 실현가능성이 없는 몽상이 모든 기적을 다 이루어 내게 된다. 천동설을 지동설로 바꾼 것도 몽상의 힘이고, 원자폭탄을 발명한 것도 몽상의 힘이다. 공산주의를 창출해낸 것도 몽상의 힘이고, 모든 신화와 종교를 창출해낸 것도 몽상의 힘이다. 몽상이란 사유의 힘이고, 이 '사유의 힘'은 오귀스트 로댕의 「생각하는 사람」을 통해서 가장 잘 나타난 바가 있다. 오른쪽 팔을 턱에 괴고 있는 「생각하는 사람」은 그 사유의 힘(깊이) 때문에, 전신의 근육이 육체미 선수처럼 부풀어 오르고 있었는데, 왜냐하면 그 사유(마음)의 움직임을 그가 가장 구체적으로 표현하고자 했었기 때문이다. 몽상은 사유가 되고, 사유는 만물의 기원이 된다. 몽상가의 턱은 그 사유를 떠받치고 있는 대들보가 되며, 이 턱에 따라서 다양한 몽상과 그 몽상가의 운명이 결정되게 된다.

"잠 없는 몽상가들"이란 늘, 항상, 깨어 있는 사람을 말하고, "얼굴 중앙에서 아래쪽까지/ 이어지는 부분에 손을 괴고/ 오늘밤도 그럴 턱이 있나/ 주억거리"는 사람은 적어도 어떤 일이 그토록 나쁜 일로 번지지는 않을 것이라고 믿고 있는 사람을 말한다. "그럴 턱이 있나"는 '그럴 까닭'이나 '그럴 이유'가 없다는 것을 뜻하지만, 그러나 그 어떤 일은 너무나도 뜻밖에, 그의 일생을 침몰시키는 사건으로 비화되기도 한다. 완전범죄라고 믿고 있었던 뇌물의 수수와 증여가 별건 수사 때문에 들통이 나기도 하고, 술 기운에 따른 단순한 성희롱 사건이 다소 과대포장되어 소위 고위공직자로서의 그의 일생을 침몰시키게도 만든다. "오늘밤도 그럴 턱이 있나/ 주억거리던 생각을 발음하다 턱이 빠질 때쯤/ 한 턱 낼 일, 터트리지"라는 시구는, '낮말은 새가 듣고 밤말은 쥐가 듣는다'는 속담처럼, 그가 연루된 어떤 사건이 전혀 뜻밖에도 들통이 나게 되었다는 것을 뜻한다. '그럴 턱이 있나'의 '턱'은 '까닭'이나 '이유'를 뜻하고, '턱이 빠질 때쯤'의 '턱'은 얼굴의 하부구조로서의 턱을 뜻하고, '한 턱 낼 일, 터트리지'의 '턱'은 크나큰 불운이나 재앙에 따른 경제적, 또는 육체적 손실을 뜻한다. '한 턱 내다'는 좋은 결과를 얻었을 때, 즉, 장원급제를 하거나 노벨상, 또는 주식대박을 터뜨렸을 때와도 같이 그 기분에 따라서 아주 성대하게 대접하는 것을 말하지만, 이 시구의 문맥에서는 그럴 리가 없었던 일이 터지고, 그 결과, 턱뼈가 빠지듯이, 크나큰 경제적, 또는 육체적 손실을 입게 되었다는 것을 뜻하게 된다.

제1연에서의 '몽상가의 턱'은 '그럴 턱'과 '턱 빠질 때쯤의 턱', 그리고 '한 턱 낼 일의 턱'으로 이어지지만, 제2연에서의 '몽상가의 턱'은 김수영의 '기개의 턱'과 이중섭(아고리)의 '섹시한 턱'과 머라이어 캐리의 '귀여운 턱'과 그리고 빨간 바지 복부인의 '주걱턱'으로 이어진다. 몽상은 자유롭고, 자유로운 몽상은 마치, 벌과 나비처럼 그 사유의 날개를 펼쳐나간다. 김수영의 거침없는 기개의 턱은 풀뿌리 민주주의 상징인 민중(풀)들을 일으켜 세우고, 이중섭의 섹시한 턱은 천진난만한 동심의 세계를 영원불멸의 세계로 창출해낸다. 머라이어 캐리의 귀여운 턱은 오만 대신 사랑을 노래하고, 빨간 바지 복부인의 주걱턱은 그 오만방자함 때문에, 그의 부군을 파란 수의를 입혀 보낸 적이 있었다. 김수영, 이중섭, 머라이어 캐리, 빨간 바지 복부인 등, 모두들 그 사건이 좋은 것이거나 나쁜 것이거나 간에, 한 턱을 크게 내도 아깝지 않은 턱들이고, 그 결과, 우리 인간들의 운명은 턱의 관상학에 달려 있다고 해도 과언이 아니다.

오현정 시인은 몽상가이자 관상학자이다. 아니, 그는 시인이자, 풍자와 야유를 즐기는 독설가이기도 하다. 이제 몽상가로서의 오현정 시인의 사유는 김수영도, 이중섭도, 머라이어 캐리도, 빨간 바지 복부인도 아닌, 자기 자신에게로 향한다. 풍자와 야유가 다른 사람들에게 향할 때보다는 자기 자신에게로 향할 때 더욱더 감동적인 것처럼, 그의 "아래 위 턱 긴 곡선"은 행운의 여신인 티케보다는 불화의 여신인 에리스가 선호하는 곡선(턱선)이었는지도 모른다. 아들이 그토록 어렵고 힘든 취직을 했다는 것도 행운이지 불행이 아니다. 효녀 심청이와도 같은 딸을 얻었다는 것도 행운이지 불행이 아니다. 하지만, 그러나 그 행운으로 불행의 쳇바퀴를 돌리게 되고, "아들이 취직했을 때의 한 턱"과 "딸을 얻었을 때의 두 턱"이 "붉은 포도주를 마시고/ 브이라인이 되는 동안 귀밑 사각턱부터 옆 턱까지/ 흘린 피는 가슴에 검은 주름을 만들었지"라는 시구에서처럼, 그 불행은 더 이상 감당하기 힘든 재앙이 되고 말았던 것인지도 모른다. 아들이 취직을 하고 딸을 얻었을 때의 한 턱, 두 턱에 의한 경제적 손실이 아니라, 그 이후의 사건들이 그 한 턱과 두 턱의 기대와는 전혀 다르게 흘러갔던 것인지도 모른다. 아들의 인생은 아들의 인생이고, 딸의 인생은 딸의 인생이다. 하지만, 그러나 그 아들과 딸의 턱에 연루된 나의 인생은 더욱더 붉은 피를 흘리고, 내 가슴에 그토록 검은 주름을 만들었던 것이다.

이제 몽상가의 사유는 레드카펫으로 향하고, 몽상가는 레드카펫의 문턱에서 그 사유를 펼쳐나간다. 레드카펫은 출세의 상징이고 권력의 상징이다. 돈을 버는 것도 권력이고, 이름을 얻는 것도 권력이다. 회전의자에 앉는 것도 권력이고, 수많은 여인들을 거느리는 것도 권력이다. 권력은 욕망 중의 욕망이며, 그 욕망의 정점에서 피어오른 꽃이다. 모든 싸움은 권력투쟁이며, 모든 역사는 권력투쟁의 역사이다. 권력은 삶의 본능의 옹호이며, 권력이 있는 한 이 세상의 삶은 향유되지 않으면 안 된다. 누구나 최고의 권력자가 될 수는 있지만, 그러나 그 최고의 권력자는 누구나 될 수 있는 것이 아니다. "버릇과 인상을 턱이 빠져라 하초에 힘을 주고 씹을수록 열리지 않는 궁"이라는 시구는, 제 아무리 하초에 힘을 주어도 절세의 미인을 얻을 수가 없듯이, 최고의 궁전은 열리지 않는다는 것을 뜻한다. 이때의 궁전은 자궁의 그것도 되고, 전제군주의 그것도 된다. "꿈꾸는 자의 턱살을 만지려 훗날의 맥을" 짚어도 소용이 없고, 사물의 이치를 아는 힘, 즉, "문리의 턱뼈"를 교정해 보아도 아무런 소용이 없다. "턱tuck 잡힌 날렵한 턱시도 언제 입을지"라는 시구는 그 '몽상가의 턱'으로는 영원히 불가능한 황금옥좌라는 것을 뜻한다.

오현정 시인의 「몽상가의 턱」은 '턱의 현상학'이며, 그 '턱'에 의한

말놀이의 향연장이라고 할 수가 있다. 얼굴의 하부구조로서의 턱과 관상학으로서의 턱, 위 턱과 아래 턱, 옆 턱과 사각턱, 주걱턱과 그럴 턱, 무턱과 비대칭적인 턱, 한 턱과 두 턱, 문리의 턱과 의상용어인 턱tuck, 기개의 턱과 섹시한 턱, 귀여운 턱과 턱시도의 턱, 레드카펫의 문턱과 절대권력의 턱 등이 바로 그것이며, 동음이의어로서의 턱이 얼마나 다양하고 아름답게 변주될 수 있는가를 몸소 보여주고 있는 것이다. 몽상의 나래가 날실이 되고, 턱의 나래가 씨실이 된다. 그의 시는 총천연색의 몽상의 드라마이자 턱의 드라마라고 할 수가 있다. 극본 오현정, 기획 오현정, 연출 오현정, 감독 오현정, 주연 오현정의 모노드라마가 한국시문학의 무대를 전면적으로 장악하게 된 것이다. 말들이 아름답고 풍요로우면 그 주체자의 삶이 아름답고 풍요롭게 되고, 말들이 더럽고 추하면 그 주체자의 삶이 더럽고 추하게 된다. 턱은 관상학적으로 인간의 야망과 그 허세를 드러내게 되고, 그리고 그 인간의 사유와 그 실천들을 떠받쳐주는 대들보가 된다.

오현정 시인의 「몽상가의 턱」은 대단히 지적이며 철학적인데, 왜냐하면 「몽상가의 턱」은 그의 오랜 탐구와 성찰의 결과이기 때문이다. 몽상-탐구는 턱의 유형과 턱의 의미에 대한 집중의 힘이 되고, 탐구-성찰은 그 몽상을 '턱의 현상학', 즉, 「몽상가의 턱」이라는 기적—기념비적인 업적—을 창출해내게 된다.

몽상은 시가 되고, 시는 아름다움, 그 자체가 된다.

오오, 「몽상가의 턱」이라는 이처럼 아름답고 뛰어난 시를 쓰다니—, 나는 이처럼 아름다운 가을날 대전국립현충원을 거닐면서, 수많은 젊은 용사들과 애국지사들의 영혼에게 경의를 표한다. 대전

국립현충원의 수많은 젊은 용사들과 애국지사들의 영혼은 아름다운 우리 말이 되고, 이 모국어의 든든한 '문리의 턱뼈'를 세워준 오현정 시인에게도 경의를 표한다.

시는 말들의 향연장이며, 모든 찬탄과 감동은 그 말들의 단풍놀이와도 같다.

몽상은 사유하고 턱은 그 사유의 대들보가 된다.

해설

사랑과 지혜로 지은 집

김병호 시인 · 협성대 교수

사랑과 지혜로 지은 집

김병호 시인 · 협성대 교수

시는 일반적으로 사물(대상)의 내면적 존재와 시인의 내면적 존재 사이에서 이뤄지는 예술체험이다. 시인은 대상과의 긴밀한 관계 맺음을 끊임없이 시도하면서 세계 자체와 인간 실존의 존재적 근원에 접근하기를 원한다. 따라서 시는 단순히 타고난 재주꾼들이 지니는 하나의 특수한 기술이 아니라 일반적이며 근원적인 예언의 일종이 되기도 한다. 비록 비개념적이고 내재적인 직관적 이성에 의존하고 있으나 감각과 상상을 통해 창조적으로 형성해내려는 지성적 행위와도 밀접하게 관계되어 있다. 일반적인 예술 양식은 사전에 획득된 인식과 작가의 예술적 인식을 통해, 예술 양식의 규율을 발견하고 적용하면서 작품을 제작하게 되지만, 시에서는 시적 직관에 의해 지성적 활동이 개시되며, 정신적 창조력도 어느 대상에 종속되지 않게 된다. 시는 아름다움을 하나의 목적이나 대상으로만 여기지 않고, 창작 과정에서 존재의 의미를 드러내며 시가 첩촉하는 모든 것들을 변화시키는 연금술을 통해 아름다움을 산출하기 때문이다. 특히 시인이 비가시적 존재를 시적 언어로 밝히고 드러내고자 하는 경우에는 자신의 직관과 철학성과 세계관을 통해 사물 깊숙이 숨어있는 존재를 발굴하는 동시에 자기 자신의 참존재를 자각하고 존재의 근원으로 들어가고자 노력하게 된다.

오현정 시인의 시적 핵심은 여행 등의 다양한 경험과 사유적 철학성을 통해 대상의 본질을 파악하고 존재 자체와의 감응을 통해 사랑의 실체를 부여하는 지점에서 형성되고 있다. 경험을 통한 깊은 감동은 시적 감응의 순간이 되며 시적 인식을 갖는 순간이 되는데, 시인은 이때 영혼을 감흥시킬 뿐만아니라 시인의 내면을 풍료롭게 확장시키는 철학성도 가동시키게 된다.

일반적으로 여행은 일상의 틀을 벗어나 새로운 시공간을 경험케 하면서 일상의 무게를 벗겨준다. 이 과정에서 자아는 새롭게 접하는 풍경화를 경험하는 동시에 경험의 내면화를 통해 스스로를 성찰하고 치유하고 확대하면서 자신만의 시간과 공간을 새롭게 구축하게 된다. 오현정 시인의 시세계를 구축하고 있는 하나의 축은 바로 이러한 여행의 경험이다. 시인은 세계 각지에서 경험한 자신만의 독특한 체험과 감상을 바탕으로, 기발한 상상력과 서정적 형상화를 통해 삶의 지혜를 발현하는 지표로 활용되고 있다. 여행의 경험은 시적 화자가 일상에서 벗어나 낯선 공간에서 낯선 세계를 관찰하고 사유하는 동안 그 현장의 특성을 자연스럽게 시에 반영하게 된다. 오현정의 작품에는 현장의 의미와 구조를 의식적으로 작품 형성에 적용시키는 경우가 많다. 이를테면 산타마리아 인 코스메딘 성당을 배경으로 하는 「바람의 집시」나 파리 오르세 미술관을 배경으로 한

「승냥이가 만든 명작」, 관광객들에게 바나나를 파는 바탐 섬의 아이들을 그린 「내 것도 싱싱」, 옥빛 바다가 인상적인 「까보다로까 언덕에서」, 프라하 광장의 천문 시계탑과 골목 풍경을 옮긴 「하얀 구두의 집」, 게르 밖의 밤하늘을 배경으로 한 「초원의 밤하늘」, 고구려의 첫 수도였던 중국 환인의 오녀산성을 다녀온 「환인桓因의 달빛」 등 헤아릴 수 없는 다수의 작품들은 단순히 여행이라는 전통적 시각이나 편협한 공간성의 전개로만 읽어내기에는 행간의 폭과 밀도가 넓다. 시인에게 여행은 단순히 취미나 시적 기행이 아니라 시 창작의 근본적 태도나 정신과 연관되어 있기 때문이다. 여행 경험을 차용한 오현정의 작품들은 시적 실존의 궤적에 대한 하나의 비유이면서 그의 고유한 문법들과도 밀접한 관계를 유지하고 있다. 시에 쓰이는 언어는 일종의 현장 언어이며 이미 체험된 언어이기 때문에 함축적 의미를 갖거나 창조적 의미를 갖는다 해도 그건 현장 체험을 통해 얻어진 의미이다. 체험의 깊이나 강도에 따라 언어가 긴장된 의미를 띠거나 친숙한 정서적 의미를 더욱 강하게 내포하고 있다.

미국 서부의 유타 주 정부청사를 지나
조던 강을 끼고 워새치 산맥 기슭 동쪽과 북쪽
브리검 영과 모르몬교도들의 박해로 자리잡은 아담한 동네를 걷다
멀리 로키산맥의 설산이 눈에 들어와
자아를 찾고 있는 긴 흰 수염의 라즈니쉬가 도포자락 휘날린다

햇살이 내 콧잔등에 살포시 앉았다 가는 한낮
솔트레이크시티 골목을 걷다보면 가게는 띄엄띄엄, 버스까지 뜸

하게 온다

고소한 빵 굽는 냄새를 따라 넓은 정원에 들어가니
오래된 촛대와 접시, 스카프, 장갑 등
안락한 의자에서 담소중인 여행객이 환한 미소로 맞이한다

하오의 차 한 잔을 마시고 소금호수에 도착했다
가까이 가니 온통 은빛 소금밭이다
와아, 탄성을 지르자 지평선 끝에서 메아리가 나를 감싼다
본네빌 호수 위를 자박자박 걷다 보니
오랜 가슴앓이가 안개 걷히듯 사르르 사라진다

발바닥 지압 혈이 내 동맥을 깨운다
이정표 없는 무심길이 환희의 길이다
수억 년 전에는 바다였을 지금 여기에서
바닷새 모양의 소금비누 하나 내 손안에 넣어본다
—「소금호수 가는 길」 전문

위 작품에서 "유타 주 정부청사를 지나/ 조던 강을 끼고 워새치 산맥 기슭"에 자리한 '아담한 동네'는 일차적으로 시에 표현된 실제의 시적 공간이다. 즉 그 안에서 시적 화자가 구체적으로 감각하는 사물과 상황이 존재하는 자리라는 의미이다. 이러한 공간이 중요한 까닭은 시적 화자가 외부 세계와 관계를 맺는 생생한 경험이 그곳에서 펼쳐지기 때문인데, "솔트레이크시티 골목"을 걷고 "고소한 빵

굽는 냄새를 따라 넓은 정원에 들어"가고 "본네빌 호수 위를 자박자박" 걷는 일은, 시인의 내면적 고투와 어떤 관련을 맺으며 시를 형성해가기 때문이다. 이러한 풍경과 경험이 시인에게 일차적으로 시의 소재를 제공하고 시적 상상력을 촉발시키는 계기가 되지만 무엇보다 일상의 규범을 벗어나 지각의 갱신을 이룩하려는 여정이라는 점에 주목해야 할 것이다. 그래서 시적 화자는 소금호수의 길을 "이정표 없는 무심길이 환희의 길"이라며 환호한다. 이는 경험의 논리를 뛰어넘어 존재의 초월적 가능성을 실험하려는 시도이며, 현실의 다양한 국면들을 상상력과 관념이 아닌 지각으로 접촉하고 탐색하려는 시도이다. "수억 년 전에는 바다였을 지금 여기"에 서 있는 시적 화자는 이곳에 공간의 가치를 부여하고, 체험의 가치를 부여함으로써 소금 호수와 시인의 내면과의 관계를 구조화시킨다. 시적 화자는 "발바닥 지압 혈이 내 동맥을 깨운다"고 고백하고 "오랜 가슴앓이가 안개 걷히듯 사르르 사라진다"고 말한다. 현장의 주체가 인식 속에서 대상을 변형하고 실제 공간을 전유하는 것이 아니라, 그 자체의 공간을 훼손하지 않으면서도 창조적으로 인식하는 새로운 공간으로 재구성하고 있음을 단적으로 보여주는 부분이다. '소금호수'는 미국 서부의 유타 주에 있는 하나의 장소가 아니라 시인에 의해 양적이고 물리적 속성을 넘어 주체가 새롭게 체험하고 변화를 맞이하는 곳이며, 타인과 교섭하고 사건을 겪으면서 사회적 혹은 역사적 공간으로 확장되는 변화가 진행되는 곳이기도 하다.

소금 호수 위를 걷고, 소금비누를 손에 넣는 행위는 이미 자발적이면서도 의도적인 행위의 총체로서 시적 공간의 제요소와 미학적으로 결합하여 시적 환경을 만들어 내는 한편, 시원과 같은 지평선의 메아리가 화자를 감싸는 경이로운 체험은 시적 화자의 개별적 체험에서 내면화된 체험의 차원으로 질적 변화를 갖게 된다. 이러한 여정은 시적 화자가 지나온 삶이면서 또한 깨달음을 얻기 위해 통과한 길이라는 점에서 시적 화자와 유기적 관계를 맺으며 새로운 의미를 형성한다. "고소한 빵 냄새", "오래된 촛대", "하오의 차 한 잔" 등 여행자에게 관대한 삶의 안락한 풍경은 본네빌의 소금호수가 시적 화자에 의해 구조화되면서 공간의 본원적 의미가 시적 의미로 증폭되고 주제는 심화된다. 소금호수는 삶에서 소외된 유폐의 공간이면서 원초적 본질을 간직한 공간으로서, 현실의 억압과 고통을 극적으로 회복하게 되는 존재적 공간으로 거듭나게 되는 것이다.

> 종탑아래 시선視線과 시선에 모자이크 빛 우레 친다 폭우 속에 돌아올 수 없는 유리아가 되어도 좋을 책 한 권 성당 도서관에서 찾다 민족해방의 깃발을 꽂듯 어깨와 허리 두른 팔에 서로 힘을 준다 목숨 걸듯 거친 빗줄기는 생애에 단 한 번 듣는 파이프오르간소리 성당은 연인들의 천국이다
>
> 다른 남자의 아내가 되어도 함께 본 주홍색 지붕과 진초록 나뭇잎은 프레세렌*을 향해 길을 낸다 오래된 시가지를 흐르는 용머리 작은 다리를 건너며 세 번 서른 번 어둑하도록 주문을 외운다 죽어서도 애틋한 사람 하나 품는다 영원히 마주 보는 눈빛으로
>
> 완성할 수 없는 내면의 경經을 들고 빗속을 헤쳐 무지개를 만드는 사람들 광장의 시인을 만지다 유리아의 간절한 반신상에 기도한

다 천둥 번개 같은 울림 종탑에 오른다 류블라냐 강을 타고 연분홍 빛 사랑 앞으로 나선다

—「연분홍빛 성당, 비에 젖다 –슬로베니아 류블라냐의 성 프란체스코 성당」 전문

시인의 발걸음은 거침이 없다. 이번 작품은 슬로베니아 류블라냐다. 시내 중심지인 프레세르노브 광장에는 슬로베니아의 국가國歌인「축배」를 작사한, 낭만주의 시인 프란츠 프레세렌의 동상이 서 있다. 프레셰렌은 국가에서 그의 사망일을 '프레셰렌의 날'로 지정할 정도로 슬로베니아에서 가장 사랑받는 민족시인이다. 슬로베니아 브르바Vrba 라는 마을의 농촌 집안에서 태어난 프레세렌은 당시 부유한 상인의 딸이었던 율리아Julija Primic를 사랑했지만, 신분차이로 인해 끝내 그녀와의 사랑을 이루지 못했고, 평생 첫사랑 율리아를 마음에 품고 아름다운 시를 쓰며 순정을 바쳤다. 죽는 순간까지 '단 한순간도 그녀를 잊은 적이 없었다'는 말을 남긴, 프레세렌의 광장 한복판에 서 있는 프레세렌의 동상의 시선을 따라가면 살아 생전 그가 짝사랑한 여인, 율리아 프리미츠 부조된 반신상을 볼 수 있다. 시적 화자는 긴 여정을 지나 도달한 낯선 땅에서 또다른 사랑의 극점을 발견하고 이를 황홀한 순간으로 전이시킨다. 내면에 잠재된 사랑의 열망을 낯선 여행자의 시선으로 동일화시키는 질적 변모를 꾀하고 있기 때문이다. '프렌세렌 광장'과 '성 프란체스코 성당'과 류블라냐 강과 용머리 작은 다리 등의 낯선 풍경을 바라보며 사랑의 황홀감과 애틋함을 더듬을 때, "거친 빗줄기는 생애에 단 한 번 듣는 파이프오르간소리"로 들리고 종탑에서 "천둥 번개 같은 울림"을 접

하면서 시적 화자 내면의 변화를 경쾌하게 그려낸다. 시적 화자는 여행자의 시선으로 시적 공간에 도착하지만 현장의 사물을 새롭게 바라보고 재구성하면서 맞게되는 자아 내면의 변화 광경을 투명하게 보여준다. 이는 시적 화자가 사랑에 대해 사유하는 과정을 섬세하게 드러내는 것이다. "죽어서도 애틋한 사람"을 품은 "영원히 마주 보는 눈빛"은 어쩌면 비극적 사랑의 주인공인 프레세렌과 율리아만의 것이 아니라 사랑을 바라보는 시적 화자의 내면일지도 모른다. 시적 화자는 사랑에 대한 정신적 각성과 "류블라냐 강을 타고 연분홍빛 사랑 앞으로" 나서는 시적 화자의 내면을 통해 사랑의 자기 완성이라는 흐름을 자연스럽게 이끌어 낸다.

이처럼 여행의 경험은 오현정 시인에게 단순히 설렘과 즐거움만을 제공하지 않는다. 이전의 생활 공간과 다른 불안과 불편을 환기시키기도 하면서 대상과 시적 화자의 거리를 주조하고, 이를 통해 자신의 세계를 재인식할 수 있는 기회를 제공해준다. 시인은 수많은 공간에서 자신만의 세계로 침잠하고 자기 내면의 또다른 욕망과 마주하기도 된다. 이는 분명 매혹적인 경험이다. 다른 시인들의 작품처럼 여행이 방황이나 일탈, 탈주 혹은 귀환의 궤적으로 다양하게 변주되는 것이 아니라, 오히려 서정적이면서도 삶의 내밀한 본질을 꿰뚫은 지적 탐구가 낯선 풍광을 바탕으로 미학적으로 다루어졌다는 점에서 오현정 시인만의 가치를 담보해내고 있다.

시와 철학의 조화로운 결합은 시가 지향하는 또다른 존재방식이다. 이 둘은 인간의 본래적 존재방식에 대해 독자적인 측면에서 현실의 진리 혹은 진실 탐구의 노력을 직접적으로 표현한다. 이는 본질적으로 시가 인간 정신의 소산이기에 시인이 가지고 있는 세계에 대한 혹은 존재에 대한 나름의 해석이나 시점이 자연스레 배어나오기 때문이다. 일반적으로 예술이란 미학적 가치를 추구하는 인간의 행위이면서도 이에 반영된 작가의 세계관 혹은 인생관과 결부되어 해석된다. 특히 다른 영역의 예술과 달리 언어를 매개로 하는 문학, 그 중에서도 시의 경우 이러한 철학성이 더욱 대두된다. 시는 음악이나 미술 등 다른 예술 영역에 비해 직접이거나 적극적으로 자신의 사상을 표현하고 있으며, 이는 색채나 소리를 매개로 하는 것들보다 일상적 언어의 기능을 초월한 시가, 본질적으로 사상을 전달하는 기능을 효율적으로 갖추고 있기 때문이다. 그런데 현재 우리 시의 심각한 문제점은 이러한 철학성에 많은 관심을 기울이지 않고 있다는 것이다. 시가 예술의 한 종류라는 장르적 편견에 빠져 오로지 미적 세계만을 탐닉하거나 시류에 편승하여 사회적 담론을 거칠게 쏟아내는 경우가 드물지 않다. 현실 삶에 대한 정치적 신념 등을 예술적 형상화없이 작품화할 때, 이러한 풍경들은 시인이 아름다움과 쾌락, 자기 제한적 세계에 침잠되어 정작 세계에 대한 해석이나 삶에 대한 진리 탐구가 이루어지지 않고 있음을 의미한다.

오현정 시인의 시들이 지닌 또다른 특질은 바로 미학성과 철학성의 적절한 융합이라고 할 수 있다. 시인은 이미 작품에서 철학(성)에 대한 자신의 입장을 밝히고 있다. "철학이란 인생 그 자체야/ …… 열사의 나라에서 이를 악물고 견디는 거, 사는 게 바로 건축이자 철학이야"(「활과 화살」)라고 울부짖는 동생의 목소리를 빌려 철학과 삶과 시에 대한 자신의 입장을 내비쳤다. 이는 시인이 이미, 시가 예술성이나 미학성만에 매몰될 경우 시의 철학성이나 삶의 가치성마

저 거부당할 수 있는 위험을 심각하게 여겨야 할 것으로 인식하고 있었기에 가능하다. 물론 이와 반대의 경우도 있다. 시가 철학성이나 삶의 가치성만을 강조하고 자신의 이념과 사상을 직접적으로 교훈적으로 표출하면서 미학성과 예술성을 배격할 경우에는 시가 아름다움이나 쾌락의 예술적 가치에 소홀하게 된다. 이때 그 작품에 아무리 훌륭한 사상과 철학이 내포되어 있다고 하더라고 무의미할 뿐이고, 시로서의 격마저 잃게 된다. 이런 연유로 시가 미학성과 철학성을 적절하게 융합시켜 예술적으로 형상화해내기가 만만치 않은 것이다. 시는 상상의 산물이며 감정의 작용이고 직관적 성격이 강한데 비해, 철학성은 사유의 소산이며 이성의 작용이고 분석적 성격이 강하기 때문에 이러한 모순적 정신의 질서를 동일한 언어진술인 시의 양식에서 조화시킨다는 것은 그리 쉽지 않다. 오현정 시인이 구축하고 지향하는 시세계가 더욱 고고해보이는 까닭이 바로 여기에 있다.

첫 번째 마음은 내 참마음이다.
두 번째 마음은 내 마음 아닌 욕심의 마음이다.

매도 먼저 맞는 게 낫다, 종아리 걷고 나서는 녀석은 세게 맞아도 그냥 당연한 듯 어금니 꽉 문다.
회초리 힘 빠지면 맞으려고 뒤로 빠지던 놈은 어쩐지 더 아프다 호들갑떨며 소리지른다.

착한 아이의 눈빛을 따라가면 좁은 문도 들어갈 수 있다고 한다.

많이 배울수록 본래의 善과 멀어지기 쉽다.

경전을 읽다 보면 예수를 믿지 않으면 지옥 갈 텐데, 두려움 생기다가

지장보살이 지옥에 있는 모든 사람들을 다 구할 때까지 자신은 극락에 가지 않을 거라니 얼마나 다행인가, 바로 이것이 두 번째 나의 마음이다.

마가는 첫 번째 아이같이 본대로 간명하고 우직하게, 마태와 누가는 피와 살을 보태 복음서를 썼다.

지식이 높은 바울은 죽었다 다시 산 예수가 오백 명에게 나타났다가 하늘나라로 갔다. 그래서 끝이냐? 묻자, 다시 와서 안 믿는 자들은 혼낼 거라고 로마서, 고린도전서, 고린도후서, 갈라디아서, 디모데전서, 디모데후서에 걸쳐 그의 知를 간절한 문체로 성서를 남겼다.

'惡'자를 들여다보면 두 번째 '아亞' 字를 마음 '심心'이 받치고 있다.

본래의 내 마음 아닌 궁리가 파고 들어간 두 번째 마음이 바로 악이란 걸 금방 알 수 있다.

어쩌다 내가 탐심으로 잠들지 못하는 여우가 되고 굴만 파는 늑대가 되었단 말인가.

詩는 처음의 나를 제치지 않고서는 두 번째도 얻기 힘든 양식이다.

허물벗기 탈바꿈의 명수만이 살아남는 내가 온 두 번째 정글이다.

—「善은 곧 惡이다」 전문

위 시는 앞에서 진술한 미학성과 철학성을 적절하게 잘 조화시키고 있는 대표적 예가 된다. 시인은 전체 맥락에서 어떤 관념이나 가치에 종속되지 않고 자기화된 철학의 이미지를 유기적으로 조직해 내고 있다. 그가 지니고 있는 화두는 '첫 번째 마음'과 '두 번째 마음'이다. 절대 순수의 경지를 점하고 있는 '처음'과 그 마음이 훼손당한 세속의 나락으로 '두 번째 마음'을 상정하여 자신의 본래적 자아와 삶의 근원적 의미를 되새기려고 한다. 이는 본원적 삶의 가치를 따지는 예리하고 책략적인 시법이다. 인생에 대한 독자적 해석을 내놓으면서 단순히 서경적인 인식이나 의식의 현상학적 수용을 기술하는 수준에서 멈추지 않고 불교와 기독교의 종교적 증거를 통해 철학적 차원으로 끌어올린다. 시적 화자는 누구의 것도 될 수 없는 삶, 관념화된 삶이 만들어지는 결과를 냉철하게 파악하고선 자신의 삶 한복판으로 뛰어들어 본질적 물음에 대한 답을 적어낸다. "먼저 맞는 게 낫다"는 체벌과 "뒤로 빠지며" 호들갑떠는 풍경을 통해, 묵묵히 맞서며 감내하던 '처음'의 순간이 어떤 가치를 만들어 내는지를 보여준다. 또 맑고 투명한 어린 아이의 눈빛을 보며 "많이 배울수록 본래의 善과 멀어지기" 쉽다는 고백을 서슴지 않는다. 삶의 구체적, 개성적, 주체적 모습을 낱낱이 드러냄으로써 원초적인 자리에 실존의 문제를 제기한다. 시적 화자는 성경과 불경에 그려진 바울과 지장보살의 이야기를 통해 '두 번째의 마음'이 어떠한 것인지를 증거해 보이기도 한다. 그리고 "본래의 내 마음 아닌 궁리가 파고 들어간 두 번째 마음"을 惡으로 명명한다. 삶의 맹목적 의지가 아니라 허무와 '두 번째 마음'을 극복하기 위한 노력은 단순히 이성이나 논리에 의해서가 아니라는 것이다. 오직 그것들을 초월한 어떤 힘에 의해서만 가능해 보인다. 시적 화자는 합리적이거나 이성적인 해법이 아니라 오히려 직관적 해답을 구하고 있다. 고뇌하는 자의 세계를 통해서만 도달할 수 있는, 지적 능력만으로는 도달할 수 없는, 신비와 비밀을 비합리적, 초논리적, 파토스적 직관을 통해 저 세계에 가닿는다. "어쩌다 내가 탐심으로 잠들지 못하는 여우가 되고 굴만 파는 늑대가 되었단 말인가"라는 뜨거운 탄식은 시를 시적 화자 자신에게 향하게 한다. 시적 화자에게 시는 "처음의 나를 제치지 않고서는 두 번째도 얻기 힘든 양식"이며, "허물벗기 탈바꿈의 명수만이 살아남는 내가 온 두 번째 정글"이다. 삶을 단순히 이성의 대상으로만 파악하는 것이 아니라 체험의 대상으로 파악하고 우리의 인생과 현실을 지도할 수 있는 어떤 가치 경험과 의지로 일관되게 구현하고자 하는 시인의 철학성은 오로지 '詩'에서 온전히 구현될 수 있음을 오현정 시인은 이미 깨달은 것이다.

대나무를 깎아 만든 서적을 들고
파미르 고원으로 갈 거야
하늘의 뜻에 맞는 나라
그 나라의 서울이 너무 시끄러워
발가벗은 여인이 민망해
옷을 벗어 봐도 열나는 혹독한 소름

우주의 어머니 마고는 홀로 궁희와 소희를 낳아 번성을 빌었건만
부활할 수 없는 별들만 가득한 밤은 어두운 장막만 드리울거야
정신계의 허달성은 사라지고 물질계의 실달성만 요란한 광장
천산 태백산을 거쳐 삼신산 백두에 자리 잡은 신성
열두 명의 천인이 만 리에서 울부짖을 거야

내 북을 둔한 칼끝이라도 찢어버리고
거울 앞에 다시 설 거야
사방과 사계에 신화를 불러놓고
세속 욕망은 샘 깊숙이 묻어버리고
1만 4천 년 전 티베트로 갈 거야

이집트 주술인에게 나무와 바람을 얻고
돌에게서 흙과 물을 배우는 마부위침磨斧爲針
율려律呂를 만나러 갈 거야
천년바위를 뚫고 울리는 노래에 내 마음 맑아질 거야

소수의 것을 빼앗아서 다수가 행복한 공리주의는 옳은 것인가
썩을수록 천지의 물로 쓴 부인符印이 정의의 징표인가
경칩 오기 전에 한 겹 두 겹 벗겨볼 거야
북과 칼과 거울만 들고 심연으로 갈 거야

—「거울 속의 칼과 북」 전문

마고신화를 바탕으로 한 「거울 속의 칼과 북」은 표면적으로는 삶

에 대한 본질적 고뇌와 정면으로 맞서고 있지만 실은 시에 대한 시인의 철학성을 견고히 하고 있다. 시적 화자는 지금은 비록 퇴락하고 타락했지만 한때는 "하늘의 뜻에 맞는 나라"였던 파미르 고원으로 가겠다고 소망한다. 파미르 고원은 세계의 지붕으로 불리는 인류 시원의 문명지로서, 동서양의 문화와 종교가 소통하던 역사의 현장이며, 인류의 역사가 시작된 마고성이 있는 곳이다. 이는 신라시대 박제상이 쓴 『징심록澄心錄』의 한 편인 「부도지」에 기록된 창세설화에 기인한 것이기도 하다. "우주의 어머니 마고"는 '평화'와 '사랑'의 상징이며 생명의 근원적 존재이고, 사람들은 우주의 어머니 마고麻姑를 중심으로 '마고성'이라는 이상적인 공동체인 부도符都를 이루며 살았다고 한다. 그러나 어느 날, 포도를 맛보고 오감이 깨어나자 맑고 순수한 본래의 천성을 잃어버리게 되고, 새롭게 싹튼 욕망으로 서로 다투고 시기하여 결국 사람들은 마고성에서 쫓김을 당했다. 시인의 욕망은 인간의 가치가 가장 존중되던 신화적 세계에 가닿아 있다.

마고성에 사는 이들은 품성이 조화롭고 깨끗하며 하늘의 소리를 들 수 있었다고 한다. 율려律呂를 체득하여 자신과 우주가 하나임을 알았으며, 지혜로운 눈으로 세상을 바라보고, 어떤 구속과 강제 없이도 스스로 알아서 천성天性을 따라 평화롭게 살았던, 일종의 유토피아이다. 그래서 시적 화자는 "내 북을 둔한 칼끝이라도 찢어버리고/ 거울 앞에 다시 설 거야"라는 분연한 결의를 감추지 않는다. 그는 가장 본질적 삶의 형태를 이곳에서 찾으려 한다. 시적 화자가 선택한 것은 천지창조의 주인공이면서, 우주와 인간의 관계를 표현했던 노래인 율려이다. 율려는 중국 삼

황오제三皇五帝 신화에 등장하는 12개의 대나무로 만든 조율기調律機이다. 서양의 12음계와 대비되는 동양적 음악구조를 상징하는 것으로 음과 양의 조화, 우주의 중심음이라고 할 수 있다. 시적 화자에게 이러한 율려는 곧 '시'이다. 시적 화자는 현실의 부패하고 황폐한 삶을 극복하고 미학적, 윤리적으로 새로운 패러다임을 세우기를 원한다. 스스로 "북을 둔한 칼끝이라도 찢어버리고/ 거울 앞에 다시 설 거야"라는 자유 의지를 천명하면서 우리의 삶과 철학이 가야할 궁극적 가치를 제시한다. 그래서 "소수의 것을 빼앗아서 다수가 행복한 공리주의는 옳은 것인가"라는 질문은 시적 화자가 안고 있는 문제의식과 지향점을 명확하게 보여주는 뜨거운 외침으로 들린다. 혼잡한 세속의 욕망을 지우고 수천년 전, 우주와 인간이, 음과 양이 조화롭게 상생하던 순수한 시간을 회복하고자 하는 간절한 욕망이다.

오현정 시인은 이 한 권의 시집에서 다양하고 다채로운 스펙트럼과 층위를 보여준다. 하지만 이러한 다양성은 결국 '사랑'이라는 관념에 집약되어 도달하게 되는데, 이는 시인의 세계관의 총체라고 할 수 있겠다.

> 셀린 디온Ce'line Dion의 '사랑의 힘The Power of Lover'을 들으면
> 나도 모르게 저절로 흥이 솟는다
> 불가능이 가능으로
> 찬송가를 밀어내고 저절로 춤을 춘다
> 넓은 영토에 수많은 저택을 지니고 부귀와 영화를 유지하는 비결

지 남자 말고도 세계의 사나이들을 끌어들이는 비밀은
파워풀한 성량과 무대 매너,
오뚝한 콧날과 고혹적인 육체미
그리고 순애보적인 그녀의 진짜 이야기
생생한 사랑의 에너지다
벼랑 끝에서도 한 사람을 진정 사랑하는 용기
아무도 빼앗을 수 없는 그녀의 왕관이
심금을 울리며 둥둥 북을 친다
—「사랑은 지혜를 부른다」 전문

"불가능을 가능으로" 이뤄내는 "생생한 사랑의 에너지"를 시인은 믿고 신봉한다. "벼랑 끝에서도 한 사람을 진정 사랑하는 용기"는 셀린 디온의 "순애보적인 진짜 이야기"라며, 26살 연상의 남편과 결혼을 하고, 후두암에 걸린 남편의 병간호를 위해 절정기의 활동을 과감하게 접었던, 세계 3대 디바인 셀린 디온의 이야기를 시의 전면에 내세운다. 셀린 디온이 세계적인 부와 명예를 얻을 수 있었던 가장 큰 요인인 '사랑'은 시인의 다양한 작품에서 다양한 양상으로 드러난다. 그래서 감히 오현정 시인을 사랑과 지혜의 시인이라 명명할 수 있는 것이다. '사랑'은 타자의 본질을 받아들이는 것이다. 그런데 타자의 본질은 미리 제한되거나 주어진 것이 아니라 주체와 대상과의 유동적 관계에서 결정된다. 이는 타자의 감추어진 본질이 사랑을 통해 비로소 밝혀진다는 의미이기도 한데, 시적 화자는 셀린 디온을 통해 사랑의 본질을 깨닫고 사랑이 지닌 원천적 가능성을 재확인한다. 시인은 이를 '지혜'라고 명명한다.

시인은 「사랑은 지혜를 부른다」 이외에도 많은 작품에서 사랑을 목격한다. 이때 시인에게 사랑은 존재론적 지평으로 확대되어 해석되면서 인간의 본질일 뿐만 아니라 존재 자체의 동적 모습으로 확대된다. 중국 인신매매단에 위험을 당했을때 자신을 구해준 남자를 사랑했는데, 뒤늦게 그가 유부남임을 알게 된 「마지막 연애」, 더이상 인간과의 피곤한 교감을 거부하고 타인에게 외로움이나 자존심을 들키지 않고 단순한 연애 감정만을 느끼며 살고 싶어하는 「폐파와 함께 춤을」, 사랑의 전형적인 자세인 그리움을 이야기한 「당신을 그리워한다는 것은」, 은밀한 격정과 콤플렉스로 또다른 사랑의 층위를 보여준 「로리타, 제발」 등은 사랑을 존재의 양태로 파악한다. 시인에게 사랑은 단순히 일상적 이해의 지평이 아니라 존재의 지평에서 이해되는 차원이며 사랑은 오로지 사랑만을 지향하고 있음도 보여준다.

시인은 "사랑은 가장 초라한 것, 가장 더러운 것, 가장 비참한 것도 물살에 섞으며 간다"(「마지막 연애」)라고 말하며 '사랑'에 대한 애증을 감추지 않는다. 하지만 그는 사물과 언어 사이의 깊은 심연에서 과거와 현재, 미래의 시공간을 점유하며 변신을 거듭한다. 개별적 시공간에서 사랑과 철학을 수직으로 일으켜 세워는 거대한 뿌리를 만들어내고, 시를 영혼으로 체화하여 현실의 단단한 사물과 편협한 인식의 껍질을 깨뜨리고 고착된 언어의 경계를 무너뜨리면서 찬연한 빛의 혼돈으로 독자를 인도한다. 오현정 시인은 행복과 불행, 삶과 죽음, 환희와 고통이 넘실대는 곳으로, 인간을 넘어서는 곳으로 데려가는 사랑의 마법을 주저하지 않는다.

평생을 사랑과 지혜를 찾아 세상을 헤매다닌 시인에게 이 시집은 그의 전부가 될 것 같다. 그가 풀어보이는 사랑과 지혜는 시공간을 넘나드는 발랄하고 호연한 이미지와 메타포를 통해 형상화되고 철학이 삶을 위하는 것처럼 사랑과 지혜가 시를 위하는 태도와 표정도 자연스럽다. 그는 시인으로서 시적 대상의 수동적 발견이나 반영이 아니라 오히려 시라는 매체적 양식에 맞춰 인식 주체로서의 역동적 활동에 충실하다. 둥지를 짓는 새들이 자신의 형편에 따라 제각각 다른 재료와 형태로 둥지를 짓듯 시인도 다양한 인식의 관점에서 영원불변의 단 하나의 객관적 진리 대신 모든 진리의 상대성을 받아들인다. 사랑에 대한 다양한 층위에 대한 접근 역시 시인의 이러한 시적 태도와 세계관에서 기인한 것이라고 할 수 있다.

오현정 시인은 시를 자신의 관념적 거처로 구축하면서 자신의 철학적, 미학적 세계관을 자신의 시적 욕망과 정서적 요구에 맞춰 하나의 조화로운 세계로 만들어 낸다. 대상과 이미지들간의 대립과 투쟁이 아니라 화해와 통합, 상호보완적인 '지혜'를 자신의 가치로 삼는다. 시인으로서 그는 대상을 새롭게 발견하는 자가 아니라 대상 자체를 창조적으로 재구성하는 자에 가깝다. 모든 것의 궁극적 실재성을 부정하는 것이 아니라 시인의 자기 주체적 인식을 통해 사유과 감각을 함께 거느리는 시인이다. 이런 의미에서 오현정 시인은 시인으로서의 역할과 가치를 우리 시대에 규범적으로 보여주는 시인이라고 할 수 있겠다.

오현정 시집

몽상가의 턱

발　　행 2017년 3월 30일
지 은 이 오현정
펴 낸 이 반송림
편집디자인 김지호
펴 낸 곳 도서출판 지혜
계간시전문지 애지
기획위원 반경환 이형권 황정산
주　　소 34624 대전광역시 동구 선화로 203-1, 2층 도서출판 지혜 (삼성동)
전　　화 042-625-1140
팩　　스 042-627-1140
전자우편 ejisarang@hanmail.net
애지카페 cafe.daum.net/ejiliterature

ISBN : 979-11-5728-225-8 03810
값 10,000원

오현정

오현정吳賢庭 시인은 경북 포항에서 태어났고, 숙명여대 불문학과를 졸업했으며, 1978년, 1989년『현대문학』2회 추천완료로 등단했다. 시집으로는『보이지 않는 것들을 위하여』,『마음의 茶 한 잔 · 기타 詩』,『물이 되어, 불이 되어』,『에스더 편지』,『봄온다』,『고구려 男子』,『광교산 소나무』등이 있으며, PEN문학상, 월간문학동리상, 들소리문학대상, 중국장백산 세계문학상 등을 수상했으며, 현재 한국문인협회 이사, 국제PEN한국본부 이사, 한국여성문학인회 이사, 한국현대시협 이사, 한국시인협회 상임위원, 문학의 집 · 서울, 숙명여대문학인회 회원으로 활동하고 있다.

오현정 시인의 여덟 번째 시집인『몽상가의 턱』은 총천연색의 몽상의 드라마이자 턱의 드라마라고 할 수가 있다. 극본 오현정, 기획 오현정, 연출 오현정, 감독 오현정, 주연 오현정의 모노드라마가 한국시문학의 무대를 전면적으로 장악하게 된 것이다. 몽상-탐구는 턱의 유형과 턱의 의미에 대한 집중의 힘이 되고, 탐구—성찰은 그 몽상을 '턱의 현상학', 즉,「몽상가의 턱」이라는 기적—기념비적인 업적—을 창출해내게 된다. 몽상은 시가 되고, 시는 아름다움, 그 자체가 된다.

이메일 : every424@hanmail.net